Terapia cognitivo-conductual

La mejor estrategia para controlar la ansiedad y la depresión para siempre

Antonio Martínez

Este libro electrónico se proporciona con el único propósito de ofrecer información relevante sobre un tema específico para el que se han hecho todos los esfuerzos razonables para garantizar que sea preciso y razonable. Sin embargo, al comprar este libro electrónico, usted acepta que el autor y el editor no son en absoluto expertos en los temas contenidos en él, independientemente de las afirmaciones que puedan hacerse al respecto. Por lo tanto, cualquier sugerencia o recomendación que se haga en el mismo se hace con fines puramente de entretenimiento. Se recomienda consultar siempre a un profesional antes de poner en práctica cualquiera de los consejos o técnicas que se exponen.

Se trata de una declaración jurídicamente vinculante que es considerada válida y justa tanto por el Comité de la Asociación de Editores como por el Colegio de Abogados de Estados Unidos y que debe considerarse jurídicamente vinculante dentro de este país.

La reproducción, transmisión y duplicación de cualquiera de los contenidos aquí encontrados, incluyendo cualquier información específica o ampliada, se realizará como un acto ilegal independientemente de la forma final que adopte la

Índice de contenidos

Introducción

La terapia cognitivo-conductual ha sido un tema cada vez más candente en el mundo de la psicología en los últimos años. Cada vez son más los terapeutas y psiquiatras que adoptan este tipo de terapia verbal debido a su probada eficacia en el tratamiento de trastornos mentales comunes como la ansiedad y la depresión. Aunque oímos hablar mucho de este término, ¿qué es exactamente? La terapia cognitivo-conductual se basa en la teoría de que los pensamientos (cognición), la emoción y la conducta de una persona están en constante interacción entre sí, por lo que si uno de estos tres componentes se ve afectado, el resto también lo estará. La cognición es responsable de cómo pensamos y de lo que pensamos, la emoción se basa en cómo nos sentimos y el comportamiento se basa en cómo actuamos. Estos tres componentes apoyan la teoría de que si una persona simplemente cambia sus pensamientos o la forma en que piensa, tendrá un impacto en nuestros sentimientos, que en última instancia determinarán nuestro comportamiento. En términos sencillos, esto significa que las personas que pueden tener pensamientos negativos o irreales que les causan angustia podrían dar lugar a problemas de comportamiento. Cuando una persona sufre de angustia psicológica, la forma en que percibe ciertas situaciones puede distorsionarse, lo que podría causar comportamientos negativos.

La historia de la terapia cognitivo-conductual

La TCC es, en realidad, un término que engloba muchas terapias diferentes que comparten componentes comunes. Las primeras formas de terapia cognitivo-conductual fueron desarrolladas por Albert Ellis y Aaron T. Beck a mediados de los años 90. En aquel momento, se denominó Terapia Racional Emotiva Conductual (TER). La REBT es un tipo de terapia cognitiva que se centra en solucionar problemas emocionales y de conducta. El objetivo principal de la REBT es cambiar las creencias irracionales por otras racionales. La Terapia Racional Emotiva Conductual anima a la persona a descubrir sus creencias irracionales personales y, a continuación, influye en ella para que cuestione esas creencias poniéndolas a prueba en la realidad.

Albert Ellis propuso que cada persona es portadora de un conjunto único de supuestos con respecto a nosotros mismos y a nuestro mundo. Sugirió que utilizamos ese conjunto de suposiciones para servirnos y guiarnos por la vida y tiene una enorme influencia en nuestras reacciones ante las diferentes situaciones que experimentamos. Sin embargo, el conjunto de suposiciones de algunas personas es irracional, lo que les lleva a actuar y reaccionar de forma inapropiada y a tener un efecto negativo en su felicidad y éxito. Este término se denomina "supuestos básicos irracionales".

Un ejemplo de suposiciones irracionales es un individuo que asume que es un fracaso porque no le gusta a todo el mundo que conoce. Esto les lleva a buscar constantemente la aprobación y a sentirse rechazados. Como todas las acciones e interacciones de este individuo se basan en esta suposición, se sentirá insatisfecho si no recibe suficientes cumplidos. Según Albert Ellis, estas son otras suposiciones irracionales populares y comunes:

- La idea de que debes ser competente en todo lo que haces
- La idea de que cuando las cosas no son como uno quiere es catastrófica
- La idea de que no puedes controlar tu propia felicidad
- La idea de que necesitas depender de alguien más fuerte que tú
- La idea de que tu vida actual está muy influenciada por tu historia
- La idea de que será un desastre si no se encuentra la solución perfecta a los problemas humanos

Aaron Beck tiene un sistema de terapia similar al de Albert Ellis, pero se utiliza más comúnmente para la depresión en comparación con la ansiedad. Los terapeutas suelen utilizar este sistema de terapia para ayudar al cliente a darse cuenta de los pensamientos negativos y los errores lógicos que tiene y que le llevan a estar deprimido. También utilizan este sistema para desafiar los pensamientos disfuncionales del individuo, tratar de interpretar las situaciones de manera diferente y aplicar una perspectiva diferente de pensamiento en su vida cotidiana.

Normalmente, si una persona tiene muchos pensamientos automáticos negativos, es probable que se deprima. Estos pensamientos continuarán aunque haya pruebas contradictorias. Aaron Beck identificó a mediados de los años 90 tres mecanismos que, en su opinión, causaban la depresión:

- La tríada cognitiva (pensamiento automático negativo)
- Autoesquemas negativos
- Errores en la lógica (procesamiento inexacto de la información)

Aaron Beck pensaba que la tríada cognitiva son tres tipos de pensamientos negativos que se manifiestan en los individuos que sufren depresión. Consiste en pensamientos negativos sobre uno mismo, el mundo y el futuro. Estos tipos de pensamientos tienden a aparecer automáticamente en las personas deprimidas y son bastante espontáneos. Cuando estos tres tipos de pensamientos comienzan a interactuar, realmente interfieren con las funciones cognitivas normales de nuestro cerebro y conducen a un deterioro de la percepción, de la memoria y a la dificultad para resolver problemas. Es probable que la persona se obsesione con estos pensamientos negativos.

Aaron Beck identificó numerosos procesos de pensamiento ilógico en su estudio de las distorsiones cognitivas. Llegó a la conclusión de que estos patrones de pensamiento ilógico son autodespreciativos y provocan una gran cantidad de ansiedad y/o depresión en la persona. He aquí algunos de sus procesos de pensamiento ilógico:

- Interferencia arbitraria: Este proceso de pensamiento se basa en sacar conclusiones con pruebas insuficientes y/o irrelevantes. Por ejemplo, pensar y sentirse inútil porque el parque temático que ibas a tener cerró por el clima.
- Abstracción selectiva: Este proceso de pensamiento se basa en centrarse en un solo aspecto de una circunstancia e ignorar todos los demás aspectos. Por ejemplo, te sientes responsable de que tu equipo haya perdido un partido de voleibol aunque sólo seas un miembro del equipo.
- Magnificación: El proceso de pensamiento se basa en la exageración de la importancia durante una situación

negativa. Por ejemplo, si se raya accidentalmente el coche, uno se ve como un conductor terrible.

- Minimización: Este proceso de pensamiento se basa en restar importancia a un acontecimiento. Por ejemplo, tu jefe te elogia por tu excelente trabajo, pero ves que se trata de un asunto trivial.
- Sobregeneralización: Este proceso de pensamiento se basa en sacar conclusiones negativas debido a un solo acontecimiento. Por ejemplo, normalmente sacas sobresalientes en la universidad, pero has suspendido un examen y, por tanto, piensas que eres estúpido.
- Personalización: Este proceso de pensamiento se basa en asociar los sentimientos negativos de otras personas a uno mismo. Por ejemplo, tu jefa parecía muy enfadada cuando ha entrado hoy en la oficina; por lo tanto, debe estar enfadada contigo.

Aaron Beck y Albert Ellis han desarrollado muchas teorías y conductas estructuradas que han llevado al desarrollo actual de la Terapia Cognitivo-Conductual. Gracias a sus investigaciones a mediados de los años 90, los estudios han concluido que el 80% de los adultos se benefician de la terapia cognitivo-conductual. Esto es un gran éxito en el mundo de la terapia, ya que muchas personas prefieren la terapia hablada a la terapia médica para ayudar a los trastornos mentales como la ansiedad y la depresión.

Usos modernos de la terapia cognitivo-conductual

En la sociedad actual, la terapia cognitivo-conductual se utiliza para tratar los trastornos mentales, principalmente la ansiedad y la depresión. Debido a su larga historia y desarrollo, la TCC es una forma de psicoterapia práctica y que ahorra tiempo. La TCC se centra en los problemas del presente que surgen en la vida diaria. Se utiliza para ayudar a las personas a dar sentido a su entorno y a los acontecimientos que ocurren a su alrededor. La TCC es muy estructurada, ahorra tiempo y se centra en los problemas. Estas ventajas son la razón por la que la TCC es una de las técnicas más populares cuando se utiliza para tratar los trastornos mentales en nuestra acelerada vida moderna.

En la actualidad, la TCC funciona ayudando a los clientes a reconocer, cuestionar y cambiar los pensamientos que se relacionan con las reacciones emocionales y conductuales que les causan dificultades. Al utilizar la TCC para monitorear y registrar los pensamientos durante situaciones indeseables, las personas comienzan a aprender que la forma en que piensan es un factor que contribuye a sus problemas emocionales. La terapia cognitivo-conductual actual ayuda a reducir los problemas emocionales enseñando a los individuos a:

- Identificar cualquier distorsión en su proceso de pensamiento
- Ver sus propios pensamientos como ideas y no como hechos
- Dar un paso atrás en sus propios pensamientos para ver las situaciones desde otra perspectiva

El nuevo modelo de TCC utilizado en la actualidad se basa en la relación entre los pensamientos y las conductas. Ambos pueden influirse mutuamente. Existen tres niveles y tipos de pensamientos:

- Pensamientos conscientes: Son pensamientos racionales que se realizan con plena conciencia
- Pensamientos automáticos: Son los pensamientos que se mueven muy rápidamente; es probable que no seas plenamente consciente de su movimiento. Esto significa que es difícil comprobar su exactitud. Una persona que sufre problemas de salud mental puede tener pensamientos que no son del todo lógicos.
- Esquemas: Son las creencias básicas y los valores personales a la hora de procesar la información. Nuestros

esquemas están formados por nuestra infancia y otras experiencias vitales.

La TCC actual es ligeramente diferente a la anterior, que era principalmente la TEB. La TCC que utilizamos ahora se emplea para tratar una gran cantidad de trastornos mentales, mientras que la TEB se utilizaba principalmente para tratar la depresión y la ansiedad. Además, la depresión y la ansiedad no eran tan frecuentes a mediados de los 90 en comparación con su presencia actual. En los capítulos posteriores, hablaremos de por qué órdenes mentales como la depresión y la ansiedad son más comunes en la sociedad actual.

Qué esperar en este libro: En este libro, exploraremos las teorías y funciones de la Terapia Cognitiva Conductual y cómo funciona para tratar trastornos como la Ansiedad y la Depresión. Comenzaremos este libro aprendiendo más sobre cómo funciona la TCC cuando se utiliza y cómo se compara con otros tipos de terapia. A continuación, aprenderemos qué es la ansiedad, sus síntomas y sus diferentes tipos. Luego, aprenderemos sobre la depresión, la ciencia que la sustenta, los diferentes tipos y sus síntomas. En este punto del libro, debería tener una sólida comprensión de cómo funcionan la ansiedad y la depresión y cómo la TCC puede desempeñar un papel para tratar eficazmente los síntomas. Hacia el centro de este libro, veremos los beneficios e inconvenientes de elegir la TCC como método de tratamiento. Este capítulo es importante para ayudarle a determinar si la TCC es el método de tratamiento adecuado para el trastorno que desea tratar. A continuación, dedicaremos dos capítulos a analizar cómo utilizar la TCC, en concreto, para tratar la ansiedad/depresión de una persona y cómo se pueden utilizar también otros métodos para tratar estos trastornos. Nos centraremos en la atención plena, la meditación, los cambios en el estilo de vida, la prevención de la procrastinación y la práctica de la gratitud. Aunque estos temas no están necesariamente dentro de la TCC, apoyan las principales teorías de la misma, por lo que ejercitar estos métodos puede resultar eficaz para algunas personas. Por último, dedicaremos el último capítulo a estudiar la ira y cómo puede manifestarse en otras emociones. Aprenderemos sobre el manejo de la ira y cómo ésta juega también un papel en la salud mental de una persona. En general, este libro está destinado no sólo a enseñarle cómo utilizar la TCC; su propósito es educarle en todos los temas relacionados para que entienda por qué la TCC utiliza la estrategia que utiliza. Al entender esto, es más probable que la gente se comprometa con el proceso en lugar de rendirse si no ve resultados de inmediato. Sin más preámbulos, vamos a sumergirnos en este libro.

Capítulo 1: ¿Qué es la terapia cognitivo-conductual?

Como hemos comentado al principio de este libro, la terapia cognitivo-conductual es un tipo de terapia hablada que se utiliza para tratar a las personas con trastornos mentales. Los fundamentos de la TCC se basan en tres componentes: la cognición (pensamiento), la emoción y la conducta. Los tres componentes interactúan entre sí, lo que lleva a la teoría de que nuestros pensamientos determinan nuestros sentimientos y emociones, que a su vez determinan nuestro comportamiento.

¿Cómo funciona la terapia cognitivo-conductual?

La Terapia Cognitivo-Conductual funciona haciendo hincapié en la relación entre nuestros pensamientos, sentimientos y comportamientos. Cuando se empieza a cambiar cualquiera de estos componentes, se inicia el cambio en los demás. El objetivo de la TCC es ayudar a reducir la cantidad de preocupaciones y aumentar la calidad general de su vida. Estos son los 8 principios básicos del funcionamiento de la terapia cognitivo-conductual:

1. La TCC ayudará a proporcionar una nueva perspectiva de comprensión de sus problemas.

Muchas veces, cuando un individuo ha estado viviendo con un problema durante mucho tiempo en su vida, puede haber desarrollado formas únicas de entenderlo y lidiar con él. Por lo general, esto sólo mantiene el problema o lo empeora. La TCC es eficaz para ayudarle a ver su problema desde una nueva perspectiva, y esto le ayudará a aprender otras formas de entender su problema y a aprender una nueva forma de afrontarlo.

2. La TCC le ayudará a generar nuevas habilidades para resolver su problema.

Probablemente sepas que comprender un problema es una cuestión, y enfrentarse a él es otra lata de gusanos. Para empezar a cambiar su problema, tendrá que desarrollar nuevas habilidades que le ayuden a cambiar sus pensamientos, comportamientos y emociones que están afectando a su ansiedad y salud mental. Por ejemplo, la TCC le ayudará a conseguir nuevas ideas sobre su problema y a empezar a utilizarlas y probarlas en su vida diaria. Por lo tanto, será más capaz de decidir por sí mismo el problema de fondo que está causando estos síntomas negativos.

3. La TCC se basa en el trabajo en equipo y la colaboración entre el cliente y el terapeuta (o el programa).

La TCC requiere que usted participe activamente en todo el proceso, y sus pensamientos e ideas son muy valiosos desde el principio de la terapia. Usted es el experto cuando se trata de sus pensamientos y problemas. El terapeuta es el experto cuando se trata de reconocer los problemas emocionales. Trabajando en equipo, podrá identificar sus problemas y hacer que su terapeuta los aborde mejor. Históricamente, cuanto más avanza la terapia, más protagonismo tiene el cliente en la búsqueda de técnicas para tratar los síntomas.

4. El objetivo de la TCC es ayudar al cliente a convertirse en su propio terapeuta.

La terapia es cara; todos lo sabemos. Uno de los objetivos de la TCC es que no te vuelvas excesivamente dependiente de tu terapeuta porque no es factible hacer terapia para siempre. Cuando la terapia llega a su fin y usted no se convierte en su propio terapeuta, correrá un alto riesgo de recaída. Sin embargo, si eres capaz de convertirte en tu propio terapeuta, estarás en una buena posición para afrontar los obstáculos que la vida te depare. Además, está demostrado que tener confianza en tu propia capacidad para afrontar las dificultades es uno de los mejores predictores para mantener la valiosa información que obtuviste de la terapia. Si desempeña un papel activo durante las sesiones, podrá adquirir la confianza necesaria para enfrentarse a sus problemas cuando las sesiones hayan terminado.

5. La TCC es sucinta y limitada en el tiempo.

Como regla general, las sesiones de terapia TCC suelen durar entre 10 y 20 sesiones. Estadísticamente, cuando la terapia se prolonga durante muchos meses, existe un mayor riesgo de que el cliente se vuelva dependiente del terapeuta. Una vez que haya adquirido una nueva perspectiva y comprensión de su problema, y esté equipado con las habilidades adecuadas, podrá utilizarlas para resolver futuros problemas. En la TCC es fundamental que pruebes tus nuevas habilidades en el mundo real. Al enfrentarse realmente a su propio problema de forma práctica, sin la seguridad de las sesiones de terapia recurrentes, podrá adquirir confianza en su capacidad para convertirse en su propio terapeuta.

6. La TCC se basa en la dirección y está estructurada.

La TCC suele basarse en una estrategia fundamental llamada "recuperación guiada". Al establecer algunos experimentos con tu terapeuta, podrás experimentar con nuevas ideas para ver si reflejan tu realidad con exactitud. En otras palabras, tu terapeuta es tu guía mientras haces descubrimientos en la TCC. El terapeuta no le dirá si tiene razón o no, sino que le ayudará a desarrollar ideas y experimentos para ayudarle a probar estas ideas.

7. La TCC se basa en el presente, "aquí y ahora".

Aunque sabemos que nuestra infancia y nuestra historia de desarrollo desempeñan un papel importante en lo que somos hoy, uno de los principios de la TCC distingue entre lo que causó el problema y lo que lo mantiene en la actualidad. En muchos casos, las razones que mantienen un problema son diferentes de las que lo causaron originalmente. Por ejemplo, si te caes mientras montas a caballo, puedes llegar a tener miedo a los caballos. Su miedo se mantendrá si empieza a evitar todos los caballos y se niega a volver a montar uno. En este ejemplo, el miedo fue provocado por la caída, pero al evitar tu miedo, lo sigues manteniendo. Desgraciadamente, no puedes cambiar el hecho de haberte caído del caballo, pero sí puedes cambiar tus conductas de evitación. La TCC se centra principalmente en los factores que están manteniendo el problema porque estos factores son susceptibles de cambio.

8. Los ejercicios de hoja de trabajo son elementos significativos de la terapia TCC.

Por desgracia, leer sobre la TCC o asistir a una sesión de terapia a la semana no es suficiente para cambiar nuestros patrones de pensamiento y comportamiento arraigados. Durante la TCC, siempre se anima al cliente a aplicar sus nuevas habilidades en su vida diaria. Aunque la mayoría de las personas consideran que las sesiones de terapia de TCC son muy intrigantes, no conducen a un cambio en la realidad si no se ejercitan las habilidades aprendidas.

Estos ocho principios serán su luz de guía a lo largo de su Terapia Cognitivo-Conductual. Si aprendes, comprendes y aplicas estos ocho principios, estarás en una buena posición para invertir tu tiempo y energía en convertirte en tu propio terapeuta y lograr tus objetivos personales. Según las investigaciones, los individuos que están muy motivados para probar ejercicios fuera de las sesiones tienden a encontrar más valor en la terapia que los que no lo hacen. Tenga en cuenta que otros factores externos siguen influyendo en su éxito, pero su motivación es uno de los factores más importantes. Si sigue la TCC utilizando los principios anteriores, debería ser capaz de mantenerse muy motivado durante toda la TCC.

¿Cuándo se utiliza la terapia cognitivo-conductual?

Ahora que hemos aprendido cómo funciona la TCC, ¿cuándo se utiliza? La respuesta principal a esta pregunta es que la TCC se utiliza cuando un individuo decide seguir la terapia para ayudar con los problemas que está enfrentando. Muchas veces, estos problemas son trastornos como la depresión, la ansiedad, o más graves como el TOC y el TEPT.

Para profundizar un poco más, los usos más comunes de la TCC son en realidad la depresión y el trastorno de ansiedad generalizada. Sin embargo, la TCC también se utiliza y es muy eficaz para otros trastornos como:

- Trastorno dismórfico corporal
- Trastornos de la alimentación
- Dolor lumbar crónico
- Trastornos de la personalidad
- Psicosis
- Esquizofrenia
- Trastornos por consumo de sustancias

Dado que la TCC se centra en la relación entre los pensamientos, las emociones y el comportamiento, a quienes sufren trastornos derivados de la salud mental les puede resultar útil probar la TCC. La mayoría de los terapeutas actuales optan por la TCC como la mejor técnica para manejar los problemas a los que el cliente puede enfrentarse, ya que abarca numerosos trastornos, y el cliente puede aprenderla y seguir utilizándola sin la ayuda del terapeuta.

En una nota más sencilla, la TCC puede utilizarse simplemente para la terapia general. Puede tratarse de una situación en la que alguien asiste a sesiones de terapia para mantenerse en contacto con sus pensamientos y sentimientos. Aunque esta persona no sufra ningún trastorno en particular, la TCC es una herramienta útil para alguien que quiere organizar sus pensamientos.

¿Quién utiliza la terapia cognitivo-conductual?

Una gran variedad de personas utilizan la Terapia Cognitivo-Conductual, ya sea para ayudar a otros o para resolver sus propios problemas. La respuesta más general a quién utiliza la TCC sería un terapeuta y alguien que sufre un trastorno mental. Sin embargo, la TCC también es utilizada por profesionales del ámbito de la psicología, la adicción al alcohol, el abuso de sustancias, los trastornos alimentarios, las fobias y el control de la ira. La TCC es una herramienta flexible que muchos tipos de personas pueden utilizar para tratar el problema en cuestión.

Como mencioné en el subcapítulo anterior, la TCC puede utilizarse incluso si no se enfrenta a un problema grave como el mencionado anteriormente. Muchas personas que solían ir a terapia siguen utilizando la TCC para mantener una mentalidad saludable. La TCC también se ha utilizado para eventos como las intervenciones. Sin embargo, las personas que suelen utilizar y sacar el máximo provecho de la TCC son las que están dispuestas a dedicar tiempo y energía a analizar sus propios pensamientos y sentimientos. Dado que el autoanálisis es típicamente difícil, mucha gente puede abandonar tras darse cuenta de lo incómodo que puede resultar. Sin embargo, la TCC es muy adecuada para las personas que buscan un tratamiento a corto plazo que no requiera medicación. Es muy adecuada para las personas que no quieren tomar fármacos para controlar trastornos como la depresión y la ansiedad.

Comparación entre la TCC y otros tipos de terapia

La terapia cognitivo-conductual y otros tipos de terapias conductuales tienen mucho en común, pero también tienen muchas diferencias significativas. Las típicas terapias conductuales que se pueden ver en la televisión y en las películas parecen implicar una gran cantidad de interpretación de los sueños o una compleja discusión de las experiencias de la infancia. Este tipo de terapia es muy anticuada en comparación con la TCC. De hecho, no hay muchos terapeutas en la actualidad que utilicen este tipo de tratamiento. La TCC se diferencia de otras terapias por centrarse principalmente en las formas en que los pensamientos, las emociones y los comportamientos de una persona están conectados. Tanto la TCC como otras terapias conductuales tienen enfoques comunes, como:

- El terapeuta y el cliente trabajan en equipo entendiendo que el cliente es el experto en sus propios pensamientos mientras que el terapeuta tiene la experiencia teórica y técnica.
- Los tratamientos suelen ser de corta duración (suelen durar entre 6 y 20 sesiones). El cliente participa activamente en el tratamiento dentro y fuera de las sesiones. Los deberes y las hojas de trabajo suelen ser obligatorios.
- El terapeuta pretende ayudar al cliente a darse cuenta de que es fuerte y capaz de elegir tener pensamientos y comportamientos positivos.

- El tratamiento está dirigido a resolver los problemas actuales y está orientado a los objetivos. La terapia consiste en alcanzar los objetivos trabajando paso a paso.
- El cliente y el terapeuta eligen juntos sus objetivos para la terapia y hacen un seguimiento de su progreso a lo largo del tratamiento.

Dado que la base de la TCC es la teoría de que los pensamientos influyen en los sentimientos y que la respuesta emocional de una persona a un problema proviene de cómo interpretó la situación. He aquí un ejemplo que le ayudará a comprender mejor: Imagina que sientes que tu corazón late irregularmente y que te falta el aire. Si estos síntomas se produjeran mientras está sentado tranquilamente en casa, probablemente asumiría que se trata de una condición médica como un ataque al corazón, lo que le causaría ansiedad y preocupación. Sin embargo, si estos síntomas se produjeran mientras está corriendo al aire libre, es probable que no lo atribuya a una condición médica y, por lo tanto, no le provocará ansiedad y preocupación. ¿Ve usted aquí que diferentes interpretaciones de exactamente las mismas sensaciones (por ejemplo, la aceleración del corazón y la falta de aliento) pueden conducir a emociones totalmente diferentes?

La TCC sugiere que muchas de las emociones que sentimos se deben completamente a lo que estamos pensando. En otras palabras, nuestras emociones se basan totalmente en cómo percibimos e interpretamos nuestro entorno o una situación. A veces, estas ideas y pensamientos se distorsionan o sesgan. Por ejemplo, un individuo puede interpretar un mensaje de texto ambiguo como un rechazo personal cuando puede no tener ninguna evidencia que lo apoye. Otros individuos pueden empezar a establecer expectativas poco realistas para sí mismos con respecto a ser aceptados por los demás. Estos pensamientos contribuyen a procesos de pensamiento ilógicos, sesgados o distorsionados, que luego afectan a nuestras emociones. En la TCC, los clientes aprenderán a distinguir la diferencia entre un pensamiento y un sentimiento real. Aprenderán a ser conscientes de las formas en que los pensamientos pueden influir en sus emociones y de cómo, a veces, esto no es útil. Además, serán capaces de evaluar de forma crítica si sus pensamientos automáticos son precisos y tienen evidencia, o si simplemente están sesgados. Al final de la terapia, deberán haber desarrollado las habilidades para darse cuenta de estos pensamientos negativos, interrumpirlos y corregirlos adecuadamente.

Ahora, hablemos de cómo otras terapias conductuales son diferentes. La mayoría de ellas se centran en cómo ciertos pensamientos y comportamientos son accidentalmente "recompensados" dentro del entorno de un individuo. Esto contribuye a que estos pensamientos y comportamientos aumenten. Las terapias conductuales pueden ser utilizadas en una amplia selección de síntomas psicológicos en un amplio rango de edades. Aquí hay un par de ejemplos para explicarlo mejor:

Ejemplo nº 1: Imagina a un adolescente que pide constantemente permiso para utilizar el coche familiar para salir con sus amigos. Después de que los padres se lo pidan repetidamente y reciban numerosas negativas, el adolescente se enfada y desobedece a los padres. Después, los padres llegan a la conclusión de que no quieren seguir soportando las molestias de su hijo adolescente y le permiten tomar prestado el coche. Al dar el permiso, el adolescente ha recibido en realidad una "recompensa" por hacer una rabieta. Los terapeutas conductuales dicen que, al dar permiso al adolescente, éste ha aprendido que el mal comportamiento es una estrategia que funciona si va en busca del permiso. Además, la terapia conductual pretende comprender las relaciones entre las conductas, las recompensas y el aprendizaje, y cambiar los patrones negativos. En conclusión, los padres y los hijos de este ejemplo pueden desaprender estos comportamientos poco saludables y reforzar en su lugar el buen comportamiento.

Ejemplo nº 2: Imagina que tienes miedo a montar en vehículos. Para evitar el miedo y la ansiedad, es posible que empiece a evitar todos los vehículos y, en su lugar, camine o monte en bicicleta. La energía y el tiempo adicionales que requiere su transporte pueden hacer que llegue constantemente tarde a eventos o al trabajo. Sin embargo, a pesar de estas consecuencias, su miedo a evitar ir en coche se ha visto recompensado con la ausencia de miedo y ansiedad. Los tratamientos conductuales consistirían en montar en coche bajo un entorno supervisado y premiarle cuando tenga éxito. Estas recompensas se darán después de cada éxito, y su objetivo es ayudarle a desaprender estas asociaciones negativas. Aunque las terapias conductuales son diferentes según el trastorno que traten, un aspecto común es que los terapeutas conductuales ayudan a sus clientes a probar conductas nuevas o temidas y les impiden dejar que las recompensas negativas dicten su comportamiento.

Capítulo 2: ¿Qué es la ansiedad?

Entonces, ¿qué es exactamente la ansiedad? Muchas veces, cuando la gente utiliza el término "ansiedad", se refiere a la ansiedad generalizada. La ansiedad es un sentimiento y una experiencia básica que experimentan literalmente todas las especies de animales. Aunque la ansiedad no es una sensación agradable, no es peligrosa. De hecho, la ansiedad es útil para nosotros en determinadas situaciones. Algunas personas desean deshacerse de la ansiedad por completo, pero ese objetivo no es posible ni realista. En lo que respecta a la terapia cognitivo-conductual, el enfoque consiste en ayudarle a desarrollar las habilidades necesarias para ayudarle a gestionar y comprender su ansiedad, en lugar de deshacerse de ella por completo (de nuevo, no es posible).

Todos debemos tener en cuenta que la ansiedad es una emoción normal y que no es peligrosa. Los síntomas de la ansiedad en realidad cumplen una función. La ansiedad es en realidad una reacción natural ante una amenaza percibida y nos ayuda a los seres humanos a responder a ella. Sin embargo, si la ansiedad es excesiva, también puede ser un problema.

Como la ansiedad es una respuesta normal a una amenaza, cuando una persona percibe que se encuentra en una situación amenazante, se activa su instinto de lucha o huida, cuyo único propósito es protegerse luchando o huyendo del peligro. Cuando alguien se siente amenazado, su cerebro envía mensajes a su sistema nervioso autónomo (éste es una sección de sus nervios). Cuando este sistema nervioso reacciona, el cerebro libera adrenalina y noradrenalina, lo que desencadena la respuesta de ansiedad y nos prepara automáticamente para el peligro. Este sistema nervioso acaba por detenerse cuando estas sustancias químicas son destruidas por nuestro cuerpo en un intento de calmarlo.

Es muy importante recordar este hecho porque quienes sufren trastornos de ansiedad están convencidos de que su ansiedad será eterna. Sin embargo, biológicamente, esto no puede suceder ya que la ansiedad está limitada por el tiempo. Aunque pueda parecer que la ansiedad es eterna, tiene una duración limitada. Al cabo de un tiempo, el cuerpo determinará que ya ha tenido suficiente con el instinto de lucha o huida y restablecerá la sensación de neutralidad. La ansiedad no puede continuar sin fin ni dañar tu cuerpo. Aunque sea muy incómodo, todo este ciclo es perfectamente inofensivo y natural. De hecho, este comportamiento es un instinto para nosotros porque, en la naturaleza, es necesario que nuestro cuerpo reaccione a esta respuesta porque sabemos que el peligro puede volver.

En general, la respuesta de huida o huida activa el metabolismo de todo el cuerpo. Esto es lo que hace que alguien se sienta acalorado, ruborizado y cansado después, porque todo el proceso consume mucha energía. Después de una fuerte experiencia de ansiedad, la mayoría de las personas se sienten agotadas, cansadas y completamente agotadas.

¿Qué es un trastorno de ansiedad?

Ahora que sabe qué es la ansiedad y que es una emoción natural que sentimos para protegernos, ¿qué es un trastorno de ansiedad? Un trastorno de ansiedad es una condición médica en la que el individuo siente síntomas de ansiedad o pánico extremos. En otras palabras, un trastorno de ansiedad es cuando el individuo siente ansiedad o pánico severo y es incapaz de manejar sus síntomas.

En el próximo subcapítulo analizaremos todos los tipos de trastornos de ansiedad, pero en este hablaremos de los más comunes a los que se enfrenta la gente hoy en día. El trastorno de ansiedad más común al que se enfrentan las personas en la actualidad es el trastorno de ansiedad generalizada.

Trastorno de ansiedad generalizada (TAG)

La ansiedad generalizada es la susceptibilidad a entrar en pánico, preocupación o ansiedad excesivos en relación con numerosos acontecimientos o situaciones. Normalmente, la persona tiene grandes dificultades para controlar sus sentimientos de preocupación y se asocia a otros síntomas como fatiga, inquietud, dificultades de concentración, trastornos del sueño, irritabilidad y tensión muscular. El sentimiento de preocupación se define en realidad como un proceso centrado en la incertidumbre del resultado respecto a los acontecimientos futuros. En realidad, no es una emoción en sí misma, pero lleva a sentir la emoción de la ansiedad. El síntoma principal y más obvio del trastorno de ansiedad generalizada son los pensamientos de "qué pasaría si" que comienzan a aparecer. Estos pensamientos de "qué pasaría si" van de la mano con la preocupación, y a menudo se siente como si fuera incontrolable. Además, el proceso de preocupación suele estar asociado a síntomas físicos relacionados con la respuesta de huida o lucha. A menudo, el individuo piensa en el futuro de forma negativa y tiene pensamientos que van seguidos de sentimientos de ansiedad.

Las personas con TAG suelen sentirse preocupadas y ansiosas la mayor parte del tiempo y no sólo en situaciones específicas que les resultan estresantes. Las preocupaciones que tienen son constantes, intensas e interfieren en su rutina diaria. Sus preocupaciones suelen tener múltiples aspectos y no sólo uno. Pueden incluir el trabajo, la salud, las finanzas, la familia o simplemente cosas de la vida cotidiana. Tareas triviales, como las tareas domésticas o llegar tarde a una reunión, pueden provocar una ansiedad extrema, que luego conduce a la sensación de fatalidad.

La mayoría de las personas son diagnosticadas de TAG si presentan algunos de los síntomas durante 6 meses o más:

- Se siente extremadamente preocupado por numerosas actividades o eventos
- Te cuesta dejar de preocuparte
- Te das cuenta de que tu ansiedad te dificulta mucho tu rutina diaria (por ejemplo, estudiar, trabajar, salir con los amigos)
- Se siente constantemente inquieto o al límite
- Estás siempre/fácilmente cansado
- Te cuesta concentrarte
- Te irritas con facilidad
- Tiene tensión en los músculos (por ejemplo, cuello o mandíbula dolorida)

- Tiene problemas para dormir (por ejemplo, dificultad para permanecer dormido o para conciliar el sueño)

En la actualidad, alrededor del 14% de la población padece TAG. Este trastorno suele aparecer en más mujeres que hombres y puede aparecer en cualquier momento de la vida del individuo. Es común en todos los grupos de edad, incluso en niños pequeños y personas mayores. Sin embargo, el momento más común para el diagnóstico es cuando un individuo tiene alrededor de 30 años de edad.
Los niños que padecen TAG suelen presentar comportamientos como:

- No tener confianza en sí mismos
- Ser excesivamente conformista
- Buscar constantemente la aprobación y la seguridad de los demás
- Ser perfeccionista
- Necesidad de rehacer las tareas a la perfección
- Utilizando la frase "Sí, pero ¿y si?"

¿Qué causa exactamente el trastorno de ansiedad generalizada? Esto es complicado; hay una combinación de diferentes factores que tienen lugar. En primer lugar, se consideran los factores biológicos. Se han asociado ciertos cambios en las funciones cerebrales con el TAG. A continuación, también se tienen en cuenta los antecedentes familiares. Las personas que padecen TAG suelen tener antecedentes de problemas de salud mental en su familia. Los acontecimientos vitales estresantes también aumentan el riesgo de que alguien desarrolle un TAG. Por ejemplo, la pérdida de una relación, una mudanza o el maltrato físico o emocional son ejemplos de acontecimientos que pueden influir en la aparición del TAG. Por último, los factores psicológicos también pueden aumentar el riesgo de una persona. Las personas con rasgos de personalidad sensibles, nerviosas o incapaces de tolerar la frustración corren un mayor riesgo de padecer TAG.

El tratamiento más habitual para el TAG es la terapia cognitivo-conductual. Si los tratamientos psicológicos no son eficaces, se utilizarán medicamentos. En los últimos capítulos entraremos en detalles sobre por qué y cómo la TCC es un tratamiento extremadamente eficaz para quienes tienen TAG.

¿Cuáles son los distintos tipos de trastornos de ansiedad?

Ahora que hemos conocido el trastorno de ansiedad más común, el trastorno de ansiedad generalizada (TAG), y el mayor componente que lo provoca (la preocupación), pasaremos a conocer otros tipos de trastornos de ansiedad que padecen las personas. Los otros tipos de trastornos de ansiedad que conoceremos son:

- Ansiedad social
- Fobias específicas
- Trastorno de pánico
- Trastorno obsesivo-compulsivo (TOC)
- Trastorno de estrés postraumático (TEPT)

Muchas veces, las personas que experimentan ansiedad suelen presentar síntomas de más de un tipo de trastorno de ansiedad. Es importante conocerlos desde el principio para poder identificar los síntomas y obtener un tratamiento temprano. Los síntomas que puede experimentar no suelen desaparecer por sí solos y, si no se tratan, pueden empezar a dominar su vida diaria.

Ansiedad social

Aunque es muy normal sentir cierto nivel de nerviosismo en situaciones sociales, no es normal sentir una cantidad abrumadora de ansiedad. Situaciones como asistir a eventos formales, hablar en público y hacer presentaciones son eventos probables en los que se siente cierto nerviosismo y ansiedad. Sin embargo, para quienes sufren ansiedad social (o también conocida como fobia social), hablar o actuar delante de otras personas y las situaciones sociales en general pueden provocar una ansiedad extrema. Esto suele deberse al miedo a ser criticado, juzgado, humillado o a que se rían de él delante de otras personas. Muchas veces tienen miedo de asuntos triviales y ordinarios. Por ejemplo, las personas que sufren ansiedad social pueden sentir que comer en un restaurante rodeado de otras personas puede ser extremadamente desalentador.

La ansiedad social suele producirse en los momentos previos a las actuaciones (por ejemplo, cuando hay que dar un discurso o trabajar mientras se está observando) y en las situaciones en las que hay interacción social (por ejemplo, cuando se come con los compañeros de trabajo o se mantiene una conversación normal). La ansiedad social también se produce durante el evento en sí, así como en los momentos previos. Además, este tipo de fobia también puede ser muy específica, ya que el individuo tiene miedo a una situación concreta. Por ejemplo, puede tener miedo a tener que ser asertivo durante las reuniones de trabajo.

Los síntomas de la ansiedad social incluyen síntomas psicológicos y físicos. A las personas con fobia social les resulta muy angustioso experimentar síntomas físicos. Estos síntomas físicos incluyen:

- Transpiración excesiva
- Náuseas/Diarrea
- Temblando
- Tartamudear, tartamudear o ruborizarse al hablar

Cuando se producen estos síntomas físicos, normalmente aumenta la ansiedad, ya que la persona empieza a temer que otras personas se den cuenta de estos signos. Sin embargo, estos signos no suelen ser perceptibles para otras personas. Quienes padecen esta afección afirman que también se preocupan excesivamente por si dicen o hacen algo incorrecto, lo que les llevará a un resultado terrible. A menudo, las personas con ansiedad social intentan evitar las situaciones en las que creen que existe la posibilidad de que actúen de forma vergonzosa o humillante. Si no pueden evitar ciertas situaciones, optarán por soportarlas, pero se sentirán muy angustiados y ansiosos y tratarán de salir de esa situación tan rápido como puedan. Esto puede empezar a tener un efecto negativo en sus relaciones. Además, puede empezar a afectar a su vida profesional y a su capacidad para mantener su rutina diaria.

El diagnóstico típico de ansiedad social se basa en la presencia de los síntomas mencionados anteriormente y en el grado de angustia y deterioro que provoca en la rutina diaria del individuo. Por lo general, si los síntomas se mantienen durante 6 meses, se realiza un diagnóstico.

Algunos de los síntomas de la fobia social que son psicológicos son

- Sentir un nerviosismo extremo antes de actuar frente a otras personas
- Sentir un nerviosismo extremo antes de conocer a personas desconocidas
- Sentirse extremadamente nervioso o avergonzado al ser observado (por ejemplo, comer o beber delante de otros, hablar por teléfono delante de otros)
- No acudir a determinados eventos o interacciones por miedo al nerviosismo social
- Dificultad para llevar a cabo la vida cotidiana (por ejemplo, estudiar, ver a los amigos y trabajar).

Basándose en la investigación, sugiere que el 11% de la población ha experimentado ansiedad social en su vida. Se demostró que las mujeres experimentan este trastorno más que los hombres. Muchas veces, esta fobia comienza durante la infancia o la adolescencia.

Entonces, ¿qué causa exactamente la ansiedad social? Existen numerosas causas, pero las más comunes son el temperamento, los antecedentes familiares y el comportamiento aprendido. En lo que respecta al temperamento, los niños o adolescentes tímidos corren más riesgo que los demás. Concretamente, en el caso de los niños, aquellos que muestran timidez y apatía corren el riesgo de desarrollar ansiedad social en su edad adulta. Los antecedentes familiares también son una posibilidad cuando se trata de la causa debido a la predisposición genética. Sin embargo, la causa principal suele ser el comportamiento aprendido. Las personas que padecen ansiedad social suelen desarrollar esta condición debido a que se les trata mal, se les avergüenza en público o se les humilla.

Cuando se trata de tratar la fobia social, los tratamientos psicológicos serán la primera línea de tratamiento, y en los casos más graves, la medicación puede ser eficaz. Dado que la fobia social es un tipo de trastorno de ansiedad, muchos profesionales optan por utilizar la terapia cognitivo-conductual como método de tratamiento. Más adelante en este libro, hablaremos de cómo la TCC ayuda a tratar los trastornos de ansiedad.

Fobias específicas

Las fobias son probablemente uno de los trastornos más conocidos en la sociedad actual. Probablemente vea en la televisión y en las películas a personas que tienen fobia a los payasos, a las arañas o a las alturas. El miedo o la preocupación ante determinadas situaciones es común, pero eso no significa que se tenga una fobia. Sentir ansiedad cuando te encuentras con una araña o estar en un lugar alto es bastante normal. El miedo es en realidad una respuesta racional y natural cuando nos encontramos en situaciones en las que nos sentimos amenazados.

Sin embargo, algunas personas tienen una reacción enorme cuando se trata de ciertas actividades, situaciones u objetos debido a que imaginan y exageran el peligro. Los sentimientos de terror, pánico o miedo que alguien puede sentir debido a una amenaza son completamente desproporcionados. En muchos casos, basta con pensar en el estímulo fóbico o con verlo en la televisión para provocar una reacción en estos individuos. Este tipo de reacciones extremas podrían indicar un trastorno de fobia específico.

Aunque muchas veces las personas no son conscientes del origen de su ansiedad, las personas que sufren fobias suelen ser conscientes de que sus miedos son irracionales y extremos. Sin embargo, sienten que sus reacciones son automáticas y no pueden ser controladas. A veces, las fobias específicas conducen a ataques de pánico. Durante estos ataques de pánico, el individuo se encuentra abrumado por sensaciones físicas indeseables. Estas sensaciones incluyen náuseas, aceleración del corazón, asfixia, dolor en el pecho, mareos, desmayos y sofocos.

Los síntomas de la fobia específica son los siguientes:

- Tiene un miedo constante, extremo e irracional a una situación, actividad u objeto. Por ejemplo, miedo a las alturas, a los payasos o a las arañas.
- Evitas constantemente las situaciones en las que existe la posibilidad de que tengas que enfrentarte a tu fobia. Por ejemplo, no salir a la calle porque puede encontrarse con una araña. Si la situación es algo difícil de evitar, puedes empezar a sentir altos niveles de angustia.
- Te das cuenta de que la evitación y la ansiedad ante determinadas situaciones en las que puede existir tu fobia te dificultan tu rutina diaria. Por ejemplo, empieza a interferir en su trabajo, sus estudios o su vida social.

- Te das cuenta de que tu evasión y ansiedad son constantes, y llevas más de 6 meses luchando contra ello.

Las fobias específicas suelen dividirse en las siguientes categorías:

- Animales: Su miedo está relacionado con animales o insectos (por ejemplo, miedo a los gatos o a las arañas)
- Entorno natural: Su miedo está relacionado con el entorno natural (por ejemplo, miedo a las alturas o a los rayos)
- Lesión/inyección: Su miedo está relacionado con procedimientos médicos invasivos (por ejemplo, miedo a las agujas o a ver sangre)
- Situaciones: Su miedo está relacionado con situaciones muy específicas (por ejemplo, subir a una escalera mecánica o conducir en un tráfico intenso)
- Otros: Su miedo es a más de fobias diversas (por ejemplo, miedo a vomitar o miedo a atragantarse)

El primer signo de síntomas de fobia específica suele aparecer durante la infancia o la adolescencia temprana. El miedo es bastante normal entre los niños, que experimentan muchos miedos comunes durante su infancia. Los miedos más comunes son: el miedo a los extraños, a los monstruos imaginarios, a la oscuridad y a los animales. Sin embargo, aprender a gestionar estos miedos adecuadamente forma parte del proceso de crecimiento. Algunos niños pueden desarrollar fobias específicas hasta la gravedad de los ataques de pánico. Estos niños tienen un mayor riesgo de desarrollar fobias específicas en comparación con los otros tipos de trastornos de ansiedad. En la mayoría de los casos, los niños no son conscientes de que sus miedos son extremos e irracionales.

Entonces, ¿qué causa exactamente las fobias específicas, además de la ansiedad? Al igual que la ansiedad social, el temperamento de una persona y su historial de enfermedades mentales desempeñan un papel importante en la causa de las fobias específicas. Las fobias son muy tratables y, por lo general, se utilizará primero un tratamiento psicológico como la TCC para abordar el trastorno. En los casos en los que la fobia específica es más grave, se recurrirá a la medicación para ayudar al trastorno.

Trastornos de pánico

Los trastornos de pánico, o más comúnmente conocidos como "ataques de pánico", es el término utilizado para describir cuando estos ataques son recurrentes e incapacitantes. Por lo general, los trastornos de pánico se definen por:

- Ataques de pánico inesperados y recurrentes.
- Preocuparse durante mucho tiempo (más de un mes) después de haber tenido un ataque de pánico de que va a tener otro.
- Preocuparse por los efectos o consecuencias después de ese ataque de pánico. Mucha gente piensa que un ataque de pánico es un síntoma de un problema médico no diagnosticado. Por ejemplo, los individuos pueden hacer repetidas pruebas médicas debido a estas preocupaciones, y aunque no aparece nada, todavía tienen miedo de estar en mal estado de salud.
- Tener cambios de comportamiento significativos que estén relacionados con los ataques de pánico. Por ejemplo, evitar el ejercicio porque el ritmo cardíaco aumenta.

Por lo general, durante un ataque de pánico, usted se siente abrumado por las sensaciones físicas descritas anteriormente. El punto álgido del ataque de pánico suele producirse a los 10 minutos y puede durar hasta 30 minutos y dejarle exhausto después. Pueden ocurrir hasta numerosas veces al día o unas pocas veces al año. Pueden ocurrir cuando alguien está durmiendo, lo que le despertará durante el ataque. Muchas personas han experimentado un ataque de pánico al menos una vez en su vida. Hasta el 40% de la población humana ha experimentado un ataque de pánico en algún momento de su vida. Esto no significa que usted tenga un trastorno de pánico. Estos son los síntomas y signos más comunes de un ataque de pánico:

- Una sensación de miedo o pánico abrumador
- Tener el pensamiento de que te estás ahogando, muriendo o "volviéndote loco
- El ritmo cardíaco aumenta
- Dificultad para respirar (por ejemplo, hiperventilación)
- Sensación de ahogo o de que los pulmones no funcionan
- Transpiración excesiva
- Mareo, vértigo o desvanecimiento

En algunos casos, una persona que sufre un ataque de pánico también puede experimentar "disociación" o "desrealización". Esta es la sensación de que el mundo y el entorno que te rodea no son reales. Este síntoma está asociado a los intensos cambios fisiológicos que se producen en el cuerpo durante este ataque de ansiedad.

Los trastornos de pánico no son tan comunes como otros trastornos como el TAG o la ansiedad social. Sorprendentemente, el 5% de la población ha sufrido un trastorno de pánico a lo largo de su vida. Según las estadísticas, las mujeres son más propensas a los trastornos de pánico que los hombres. Los trastornos de pánico suelen aparecer cuando las personas tienen entre 20 y 30 años o en la mitad de su vida. Es cierto que los trastornos de pánico pueden producirse a cualquier edad; es extremadamente raro en niños o personas mayores.

Entonces, ¿qué causa exactamente un trastorno de pánico? Aunque no hay una causa específica, suelen intervenir múltiples factores. Esto incluye a las personas con antecedentes familiares de trastornos de ansiedad o depresión. Algunos estudios sugieren incluso que la genética desempeña un papel importante. También hay factores biológicos asociados a los trastornos de pánico, como el asma, el síndrome del intestino irritable (SII) y el hipertiroidismo. Las experiencias negativas en la vida también desempeñan un papel importante en los trastornos de pánico. Las experiencias vitales muy estresantes, como el abuso sexual o el duelo, se han relacionado con los trastornos de pánico. Además, las personas que atraviesan una situación de estrés extremo continuo corren un alto riesgo de desarrollar trastornos de pánico.

Cuando se trata de tratamientos para los trastornos de pánico, se utiliza para reducir la cantidad e intensidad de los ataques de pánico de quienes los padecen. Aquellos que sufren trastornos de pánico graves recibirán medicación para ayudar a calmarlos, pero normalmente los tratamientos psicológicos como la TCC serán el primer método utilizado.

Trastorno obsesivo-compulsivo (TOC)

Como ya comentamos en nuestro subcapítulo sobre la preocupación, los pensamientos preocupantes pueden conducir a la ansiedad, que luego influye en nuestro comportamiento. En realidad, esto puede ser útil a veces. Por ejemplo, pensar que puedes haber dejado la estufa encendida te llevará a comprobarlo para asegurarte de que mantienes las cosas a salvo. Sin embargo, si ese pensamiento se vuelve recurrente y obsesivo, empieza a influir en patrones de comportamiento poco saludables que hacen que la rutina diaria sea difícil. Un ejemplo de TOC es comprobar repetidamente la estufa para asegurarse de que está apagada, aunque ya lo hayas confirmado la primera vez.

Las personas que padecen el TOC suelen sentir una vergüenza extrema por la necesidad de llevar a cabo sus acciones compulsivas. Estos sentimientos de vergüenza provocan el secretismo, lo que lleva a retrasar el diagnóstico y el tratamiento. A menudo, puede dar lugar a una incapacidad social en la que los niños no van a la escuela o los adultos no salen de sus casas.

¿Cuáles son los signos y síntomas del trastorno obsesivo-compulsivo? El TOC suele presentarse en diferentes tipos:

- Limpieza y orden: Algunos ejemplos son la limpieza obsesiva del hogar o el lavado de manos para mitigar el miedo a la contaminación o a los gérmenes, la obsesión por la simetría o el orden y la necesidad excesiva de colocar objetos o realizar tareas en un patrón o lugar específico.
- Contar y acumular: Los ejemplos incluyen contar repetidamente objetos como ladrillos en la pared, contar su ropa, o acumular artículos inútiles como periódicos viejos o basura.
- Seguridad: Se trata de un miedo obsesivo a que se produzcan daños a los seres queridos o a sí mismos y puede llevar a comprobar impulsivamente las cosas para asegurarse de que están apagadas y de que las entradas están cerradas.
- Problemas sexuales: Tener un miedo o asco irracional respecto a cualquier actividad sexual.

- Cuestiones religiosas y morales: Sentir la necesidad o la compulsión de rezar numerosas veces al día hasta el punto de afectar a sus relaciones y a su trabajo.

En lo que respecta a los síntomas del TOC, hay que tener cuidado:

- Tener preocupaciones o pensamientos repetitivos que tienen que ver con algo más que con los problemas habituales de la vida (por ejemplo, tener pensamientos de que sus seres queridos o usted mismo van a sufrir daños)
- Hacer la misma actividad de forma muy ordenada y repetida cada vez. Algunos ejemplos son:
    - Ducharse constantemente, cepillarse los dientes, lavarse la ropa o las manos
    - Reorganizar, ordenar o limpiar constantemente las cosas de una manera particular en casa o en el trabajo
    - Comprobación constante de que todas las entradas están cerradas y los aparatos electrónicos están apagados
- Sentirse aliviado después de hacer esas tareas, pero poco después sentir la necesidad de repetirlas

- Ser consciente de que estos sentimientos, comportamientos y tendencias no son razonables pero no puedes evitarlo
- Se da cuenta de que estos comportamientos y pensamientos interfieren en su rutina diaria y le ocupan más de una hora al día

El TOC no es tan común como los otros trastornos que hemos analizado. Sólo alrededor del 3% de la población ha experimentado el TOC en su vida. El TOC puede aparecer en cualquier momento de la vida, e incluso niños de tan sólo seis años pueden presentar síntomas. Sin embargo, los síntomas sólo se desarrollan plenamente cuando el individuo llega a la adolescencia.

Según las investigaciones, se cree que el TOC se ha desarrollado a partir de una mezcla de factores ambientales y genéticos. Hay otros muchos factores que pueden aumentar el riesgo de desarrollar el TOC, como los factores sociales, los psicológicos y los antecedentes familiares. Los factores biológicos, como los problemas neurológicos y los niveles irregulares de serotonina, se han relacionado con el TOC. En la actualidad se está investigando activamente cómo los cambios estructurales, químicos y funcionales del cerebro pueden conducir al TOC. Además, los comportamientos aprendidos y los factores ambientales pueden provocar el desarrollo del TOC. Puede ocurrir a través del condicionamiento directo o de la observación de los comportamientos de los demás. Dado que los niños son muy impresionables, tendrán un mayor riesgo de desarrollar el TOC en su adolescencia al observar comportamientos compulsivos en sus padres.

El TOC suele tratarse primero con tratamientos psicológicos como la TCC, pero como muchos casos son más graves, también se utiliza la medicación. En algunos casos, se utiliza una combinación de medicación y tratamientos psicológicos como la terapia al mismo tiempo para aumentar la eficacia.

Trastorno de estrés postraumático (TEPT)

Las personas que han pasado por una situación o acontecimiento traumático que ha amenazado su seguridad, su vida o la de otros, pueden desarrollar una serie de reacciones indeseables denominadas TEPT. Este tipo de situaciones traumáticas puede ser cualquier cosa, desde un accidente de coche hasta una guerra o un desastre natural como un terremoto. Como resultado de estos acontecimientos traumáticos, la persona tendrá sentimientos de intenso horror, miedo o impotencia.

Las personas que padecen TEPT suelen tener sentimientos de miedo o pánico intensos, muy similares a los que sintieron durante esa situación traumática. Existen cuatro tipos principales de dificultades dentro del TEPT:

- Revivir la situación/evento traumático: El individuo revive constantemente la situación o el acontecimiento traumático a través de los recuerdos, a menudo en forma de imágenes y pesadillas. Esto también puede dar lugar a reacciones físicas y emocionales extremas, como pánico, palpitaciones o sudoración.
- Estar extremadamente alerta: el individuo experimenta problemas de concentración, irritabilidad e insomnio. Se asusta y se asusta con facilidad y siempre está atento a las señales de peligro.
- Evitar los recuerdos de la situación/evento: El individuo evita a propósito lugares, actividades, personas, emociones o pensamientos relacionados con el acontecimiento traumático porque le traen recuerdos angustiosos.
- Sentirse emocionalmente insensible: Este individuo ha perdido el interés por las actividades cotidianas, se siente aislado de la familia y los amigos, o se siente emocionalmente insensible.

Es bastante común que las personas que sufren de TEPT también experimenten otros tipos de trastornos de ansiedad. Estos otros trastornos podrían haberse desarrollado como respuesta al acontecimiento traumático o haberse desarrollado después del propio TEPT. Los trastornos adicionales más comunes a los que puede enfrentarse esta persona son la depresión, el trastorno de ansiedad generalizada y el abuso de drogas o alcohol.

Si alguien ha pasado por un acontecimiento traumático que implicó una lesión, abuso, tortura o muerte, entonces puede experimentar los siguientes síntomas de TEPT:

- Flashbacks de recuerdos o sueños del evento
- Si se le recuerda el suceso, se angustia física y psicológicamente
- Tiene problemas para recordar partes significativas de ese evento
- Tienes una perspectiva negativa sobre ti mismo o sobre otras personas
- Constantemente te culpas a ti mismo o a otras personas por ese evento
- Sientes constantemente emociones de ira, culpa o vergüenza
- Ya no tiene interés en las cosas que solía disfrutar

- Sientes que te aíslas de los demás
- Te cuesta sentir emociones positivas como la ilusión o el amor
- Tiene problemas para dormir (por ejemplo, insomnio o pesadillas)
- Te enfadas o irritas con facilidad
- Te encuentras con conductas imprudentes y autodestructivas
- Te cuesta concentrarte
- Siempre estás alerta o vigilante
- Te asustas fácilmente

Si alguien siente más de cuatro de esos síntomas durante más de un mes, es probable que sufra un TEPT. El TEPT es algo que cualquiera puede desarrollar tras un acontecimiento traumático. Sin embargo, las personas que corren un mayor riesgo son las que normalmente se ven envueltas en sucesos que implican un daño deliberado, como una agresión física o sexual. Además del suceso en sí, otros factores de desarrollo del TEPT son tener un historial de problemas de salud mental, una vida estresante continua o la falta de apoyo social.

Alrededor del 12% de la población ha experimentado un TEPT a lo largo de su vida. En el mundo occidental, los accidentes graves son la principal causa de TEPT. Si usted es una persona que acaba de pasar por un acontecimiento traumático y se siente muy angustiada, empiece por hablar con su médico de cabecera para que le diagnostique. Cuanto antes se aplique el tratamiento, más eficaz será para ayudarle.

En lo que respecta al tratamiento del TEPT, muchas personas se recuperan por sí mismas o mediante el apoyo de amigos y familiares. Debido a esta estadística, el tratamiento médico no suele comenzar hasta al menos dos semanas después del suceso traumático. Aunque el tratamiento formal no suele ofrecerse de inmediato, es importante que los primeros días tras el suceso acuda y busque ayuda y apoyo. El apoyo de la familia y los amigos es crucial para la mayoría de las personas que pasan por un trauma. Minimizar otros acontecimientos estresantes de la vida es útil para que la persona pueda centrar más su tiempo y esfuerzo en su recuperación. Los tratamientos para el TEPT suelen comenzar con un tratamiento psicológico, como las terapias habladas, como la TCC. En algunos casos graves, se prescriben medicamentos, pero normalmente no se recomiendan en el caso del TEPT.

¿Cómo se relacionan todos los trastornos de ansiedad?

Como acabas de aprender, muchas veces, tener un trastorno de ansiedad puede conducir a un mayor riesgo de desarrollar otros. Utilicemos el TOC como ejemplo. Una persona que padece el TOC suele sentir mucha vergüenza y secretismo cuando se trata de sus tendencias compulsivas. Muchas veces, no quieren mostrar sus tendencias ante otras personas. Esto crea un miedo a estar cerca de otras personas. Tener miedo a interactuar y estar cerca de los demás también es un signo de un trastorno social. Si un trastorno de ansiedad se deja sin tratar durante mucho tiempo, es probable que esos síntomas se conviertan en otros.

Todos los trastornos de ansiedad tienen algo en común: la preocupación. Dado que la preocupación es el componente más importante de la ansiedad y, de hecho, es la responsable de generar la emoción de la ansiedad, si alguien es incapaz de gestionar su preocupación, probablemente se pondrá ansioso y mostrará comportamientos ansiosos. La preocupación que hace que alguien desarrolle el TAG es la misma preocupación que puede hacer que alguien desarrolle trastornos de pánico. Cuando alguien se enfrenta a una cantidad abrumadora de preocupaciones, los factores ambientales juegan un papel importante a la hora de determinar en qué tipo de trastorno se manifiesta. Por ejemplo, utilicemos dos Bob y John como ejemplos. Bob y John experimentan la misma cantidad de preocupación. Bob creció en un entorno en el que sus padres mostraban comportamientos de limpieza excesivos. John creció en un entorno en el que era tímido y nunca aprendió a salir de su timidez. Suponiendo que la cantidad de preocupación a la que se enfrentan Bob y John es igual, es probable que Bob desarrolle un trastorno obsesivo-compulsivo debido a su exposición a las tendencias de limpieza de sus padres. Sin embargo, es probable que John desarrolle un trastorno de ansiedad social debido a su infancia y a la falta de ayuda para trabajar su personalidad tímida.

El factor común de los trastornos de ansiedad es la preocupación, que luego se manifiesta en ansiedad. Los factores ambientales afectan a lo que estas ansiedades se convierten, lo que afecta a lo que será su comportamiento. Como hemos comentado antes, quienes sufren un trastorno de ansiedad pueden desarrollar otro si el primero no se trata en un plazo razonable.

Cómo el estilo de vida moderno contribuye a los trastornos de ansiedad

Una pregunta común que se hace a menudo en la sociedad actual es: "¿Existe una epidemia de ansiedad?". Parece que todos los lugares a los que vamos y todas las personas que conocemos están luchando contra algún tipo de trastorno de ansiedad. Los medios de comunicación hablan constantemente de la depresión y la ansiedad, y lo más probable es que una parte importante de las personas que conocemos utilice medicación para combatir su(s) trastorno(s) de ansiedad. ¿Nos están afectando las mismas formas de ansiedad que a nuestros antepasados? La respuesta es que la forma en que se manifiesta la ansiedad en las personas no ha cambiado realmente a lo largo del tiempo, y en realidad nos siguen afectando las mismas formas de ansiedad que afectaban a nuestros antepasados. Sin embargo, lo que sí ha cambiado con respecto a la ansiedad son los desencadenantes a los que nos enfrentamos. Las causas tradicionales de ansiedad a las que se enfrentan los seres humanos siguen siendo frecuentes hoy en día. Por ejemplo, todavía experimentamos ansiedad debido a las relaciones difíciles, la mala salud, la pobreza, la desventaja y el desempleo. Algunas de estas fuentes tradicionales de ansiedad están aumentando en la actualidad. Estas fuentes incluyen: la soledad, factores de relaciones indeseables como el divorcio, o la violencia y el abuso, el abandono de la infancia, el aumento del estrés y las horas de trabajo, y una abrumadora sensación de falta de control sobre nuestras vidas. La sensación de falta de control es especialmente frecuente entre los jóvenes de nuestra sociedad, que se ven abocados al fracaso a una edad temprana debido al aumento de las pruebas educativas sistemáticas.

Afortunadamente, algunas de las fuentes más tradicionales de ansiedad, como la pobreza y la mala salud, están disminuyendo, pero esto crea espacio para nuevas ansiedades como el estrés de los trabajos modernos y la desigualdad de ingresos.

Además, la tecnología y los medios de comunicación modernos han creado un conjunto totalmente nuevo de fuentes de ansiedad para las generaciones actuales. Sí, estamos hablando de las redes sociales. La necesidad de tener conectividad las 24 horas del día, la necesidad de realizar varias actividades a la vez y la necesidad de estar al día con las alertas de las noticias y los escenarios del fin del mundo. En un futuro próximo, casi todos los electrodomésticos de nuestros hogares tendrán conectividad a Internet para permitirte acceder a las redes sociales y mantenerte conectado. Esto aumentará el temor a la piratería de datos, el robo de identidad, el trolling, el phishing e incluso el grooming. Incluso nuestros simples ordenadores están trayendo ansiedades diarias que incluyen: contraseñas olvidadas, fallos en el disco duro y transacciones digitales diarias. Todas las transacciones comienzan a sentirse muy distantes cuando se realizan a través de la tecnología. Muchas veces, lo único que quieres es hablar con una persona real. Para aprovechar la ansiedad de las redes sociales, ¿sabías que la mayoría de los niños menores de 20 años nunca han vivido sin las redes sociales? La investigación actual ha asociado el uso de los medios sociales con la ansiedad social. La investigación propone que la ansiedad social y la soledad pueden generar sentimientos de desconexión cuando vemos constantemente las vidas ricas y exitosas de los demás. Otra consecuencia del uso de los medios sociales es que los jóvenes hacen un seguimiento de su éxito y estatus social utilizando métricas como el número de seguidores o amigos que tienen en sus medios sociales. La métrica es diferente a la tradicional, en la que la gente contaba cuántos amigos auténticos tenía.

Además de las numerosas ansiedades nuevas y modernas, hay un cambio creciente en la cultura social respecto a la ansiedad. Este cambio ha sido muy contradictorio en cuanto a los mensajes que envía a la sociedad. Constantemente se nos dice que la ansiedad es un sentimiento apropiado como respuesta a las tensiones de hoy en día. La ansiedad se utiliza casi como un símbolo de estatus que muestra lo exitoso y ocupado que eres. Sin embargo, también se nos dice que tener demasiada ansiedad requiere tratamiento. El diagnóstico de diferentes categorías de ansiedad se ha disparado en los últimos treinta años. La industria farmacéutica nunca ha estado tan interesada en medicalizar la ansiedad para poder vendernos una solución farmacéutica para ella. Esto ha dado lugar a numerosas campañas sociales a lo largo de los años para concienciar sobre los trastornos de salud mental (por ejemplo, la depresión y la ansiedad) para desestigmatizarlos, diagnosticarlos y buscar tratamiento médico para ellos.

Aunque nuestra epidemia de ansiedad parece condenada, no es del todo así. Según las investigaciones, el 20% de las personas sufren niveles de ansiedad extremadamente altos, pero en realidad no hay pruebas que apoyen el crecimiento de esta proporción. Si la proporción se mantiene en el 20%, debido al crecimiento de nuestra población, el número de personas que sufren ansiedad también crecería. A medida que más personas se enfrentan a los trastornos de ansiedad, más personas buscarán tratamiento para ello, ya que seguimos concienciando sobre la salud mental. Por otra parte, el 40% de las personas experimentan niveles bajos de ansiedad y no se sentirán motivadas a buscar tratamiento a menos que pasen por un acontecimiento o periodo muy angustioso de su vida.

Afortunadamente, se están desarrollando constantemente nuevos tratamientos psicológicos, como la Terapia Cognitivo-Conductual, para tratar a quienes sufren de ansiedad. La TCC se ha introducido en numerosos países y ha establecido programas de éxito. Sin embargo, incluso con los tratamientos más novedosos, todavía estamos muy lejos de poder ayudar al 100% de las personas a recuperarse de los trastornos mentales. Trastornos como el TAG y el TOC pueden ser condiciones de por vida que son debilitantes. En algunos casos, el TAG y el TOC son muy resistentes incluso cuando se exponen a medicamentos y a múltiples psicoterapias. La única manera de ayudar a más personas que sufren trastornos de ansiedad es seguir financiando la investigación con el objetivo de perfeccionar y desarrollar terapias.

Probablemente todavía te estés preguntando si realmente existe una epidemia de ansiedad en la actualidad. La respuesta es sí, tenemos una epidemia, pero también la han tenido todas las generaciones anteriores. La diferencia es que hemos tomado más conciencia de ella gracias a la investigación, y hoy se habla más de ella que antes. Otra diferencia es que hemos sustituido viejas ansiedades que están obsoletas por un conjunto totalmente nuevo que evoluciona constantemente. Tenemos que estar a la altura del reto y seguir intentando comprender las causas modernas de la ansiedad y el sufrimiento que conlleva para poder hacer frente al coste económico que supone para la sociedad. Tenemos que seguir desarrollando programas terapéuticos más nuevos y eficaces adaptados a la lucha contra nuestros trastornos de ansiedad modernos.

¿Cómo se diagnostican los trastornos de ansiedad?

Diagnosticar la ansiedad no es nada sencillo. A diferencia de las enfermedades físicas, no está causada por un germen o una bacteria que pueda detectarse en un análisis de sangre. La ansiedad se manifiesta de numerosas formas y también puede ser un síntoma de otras condiciones médicas existentes. Para diagnosticar correctamente la ansiedad, es necesario realizar un examen físico. Esto permitirá a su médico determinar si otros problemas de salud están causando sus síntomas de ansiedad o si su ansiedad está enmascarando otros síntomas. Por lo general, se necesita un historial médico personal completo para hacer un diagnóstico completo.

Una regla general es que debes ser 100% honesto con el médico que te hace el diagnóstico. Hay muchas cosas que contribuyen a la ansiedad o que pueden verse afectadas por ella. Esto incluye:

- Hormonas
- Enfermedades específicas
- Consumo de café y/o alcohol
- Medicamentos

Ciertas afecciones médicas también pueden causar síntomas que se asemejan a la ansiedad. Los síntomas de ansiedad física incluyen:

- Dificultad para respirar

- Corazón acelerado
- Sudando
- Agitación
- Escalofríos o sofocos
- Náuseas
- Dolor en el pecho
- Vómitos
- Diarrea
- Orinar con frecuencia
- Boca seca

Es muy probable que su médico le realice diversos exámenes físicos para ayudar a descartar posibles afecciones médicas que imitan los síntomas de la ansiedad. Las condiciones médicas que comparten síntomas similares con la ansiedad son:

- Asma
- Ataque al corazón
- Abstinencia relacionada con el abuso de sustancias
- Efectos secundarios de los medicamentos para la diabetes o la hipertensión
- Abstinencia de medicamentos utilizados para tratar los trastornos del sueño o la ansiedad
- Hipertiroidismo
- Menopausia

- Angina

Después de descartar afecciones médicas, su médico puede sugerirle que complete cuestionarios de autoevaluación antes de realizar otras pruebas. Esto puede ayudarle a reconocer si tiene un trastorno de ansiedad de ello; está reaccionando a un acontecimiento o situación angustiosa. Si las autoevaluaciones dan como resultado la posibilidad de un trastorno de ansiedad, su médico puede recomendarle que se someta a una evaluación clínica o a una entrevista estructurada con usted.

Capítulo 3: ¿Qué es la depresión?

La ansiedad y la depresión son los trastornos más comunes a los que se enfrentan las personas en la actualidad. Sin embargo, ¿qué es exactamente la depresión? La definición del diccionario de la depresión es "sentimientos de grave abatimiento y desánimo". Hay que tener en cuenta que la depresión no es lo mismo que los sentimientos de tristeza o pena. La muerte de un ser querido o el fin de una relación son experiencias muy difíciles de experimentar y soportar para una persona. Durante estos momentos difíciles, es completamente normal que surjan sentimientos de tristeza y dolor en respuesta a esas situaciones. Las personas que experimentan un acontecimiento de pérdida pueden describirse a menudo como "deprimidas".

Dicho esto, estar triste no es lo mismo que tener el trastorno de la depresión. El proceso de duelo de una persona es único para cada individuo, pero comparte muchos de los mismos sentimientos que provoca un trastorno de depresión. Tanto la depresión como el sentimiento de duelo implican los sentimientos de tristeza y el retraimiento de las actividades habituales de una persona. Sin embargo, son diferentes en algunos aspectos:

- Cuando una persona siente emociones de duelo, sus sentimientos dolorosos suelen aparecer en oleadas. Suelen mezclarse con recuerdos positivos sobre la persona que ha fallecido. Cuando una persona siente un duelo intenso, su interés y su estado de ánimo disminuyen durante unas dos semanas.
- Cuando una persona está deprimida, su autoestima no suele cambiar mucho. Cuando una persona tiene depresión, tiene sentimientos constantes de autodesprecio e inutilidad.
- Para la mayoría de las personas, la muerte de un ser querido puede causar una gran depresión. Para otras personas, puede ser perder el trabajo o ser víctima de una agresión física. Cuando la depresión y el duelo coexisten, el duelo suele ser un sentimiento más severo y dura más que el duelo sin depresión. Hay cierto solapamiento entre la depresión y el duelo pero, a pesar de ello, siguen siendo diferentes. Es necesario ayudar a una persona a distinguir entre el duelo y la depresión para que pueda recibir ayuda, apoyo o tratamiento.

La ciencia detrás de la depresión

Una de las cosas más importantes para alguien que está tratando su depresión es conseguir una comprensión muy profunda de la misma. De lo contrario, pueden culpar de su depresión a otros factores que no son saludables, como su aspecto físico, su personalidad, o su vida social o la falta de ella. Hay muchas teorías detrás de las causas de la depresión, pero debido a una extensa investigación, esta condición se debe principalmente a los resultados de complejos factores individuales. La teoría más aceptada detrás de ella es la química irregular del cerebro.

Las personas que padecen depresión a veces son capaces de relacionar su enfermedad con una circunstancia o acontecimiento concreto, por ejemplo, algo traumático que les haya sucedido. Sin embargo, tampoco es raro que las personas se pregunten por qué están deprimidas porque sienten que no tienen una razón para estarlo. En estos dos casos, aprender sobre la ciencia y las teorías que hay detrás de la depresión puede ser muy beneficioso para entender su propia versión de la depresión.

Los investigadores en este campo han teorizado que para algunas personas, la depresión puede ser causada por no tener suficientes sustancias como los neurotransmisores en el cerebro humano y esto puede causar la depresión. Al restaurar algunas de estas sustancias químicas del cerebro y encontrar un equilibrio saludable, se pueden aliviar los síntomas de la depresión de algunas personas. Aquí es donde entran los medicamentos, como los antidepresivos. Más adelante hablaremos de las diferentes clases y tipos de antidepresivos.

Esta teoría parece ser la más sencilla de abordar. Es decir, es sólo una cuestión de biología, matemáticas y prescripción que puede hacer que alguien vuelva a la pista, ¿verdad? No es así. Aunque parece simple, la depresión es una condición extremadamente compleja de tratar. El hecho de que una persona haya tratado con éxito su depresión utilizando medicación, no significa que la siguiente persona pueda encontrar el éxito con el mismo método. Incluso un método de tratamiento para alguien que ha funcionado con éxito durante un tiempo puede comenzar a disminuir lentamente su eficacia con el tiempo o incluso dejar de funcionar por completo. Esto sucede por numerosas razones que los científicos todavía están tratando de comprender. Los investigadores siguen invirtiendo mucho en esta área de la ciencia para seguir intentando comprender más profundamente los mecanismos de la depresión, incluyendo las sustancias químicas de nuestro cerebro, con la esperanza de encontrar más explicaciones y pruebas de estas complejidades para seguir desarrollando más métodos de tratamiento para las personas.

La depresión no deja de ser una enfermedad con múltiples facetas. Sin embargo, el simple hecho de conocer o ser consciente del componente químico del cerebro de una persona resulta muy útil para los profesionales de la salud mental y la medicina, así como para las personas que sufren trastornos depresivos. A continuación se presenta un resumen de la ciencia reconocida que hay detrás de un trastorno depresivo:

Neurotransmisores

Para simplificar, los "mensajeros" químicos de nuestro cerebro se llaman neurotransmisores. Las células nerviosas de nuestro cerebro utilizan estos mensajeros, llamados neurotransmisores, para comunicarse entre sí. Creemos que los mensajes que envían desempeñan un papel muy importante en la regulación del estado de ánimo de una persona. Los tres neurotransmisores responsables de la depresión son:

- Dopamina
- Serotonina
- Norepinefrina

Además de estos neurotransmisores, hay otros que también envían mensajes en el cerebro de una persona. Entre ellos están el GABA, la acetilcolina y el glutamato. Los científicos todavía están estudiando el papel específico que desempeñan estas sustancias químicas en el cerebro cuando se trata de la depresión de una persona o de otras condiciones mentales como la fibromialgia y el Alzheimer.

Aprendamos un poco sobre cómo se comunican nuestras células con los neurotransmisores. Una sinapsis es el espacio entre dos células nerviosas. Cuando dos células quieren comunicarse entre sí, nuestros neurotransmisores pueden ser empaquetados y luego liberados de la célula para que la célula destinada los reciba. A medida que estos neurotransmisores empaquetados viajan a través del espacio, las células postsinápticas pueden tomar esos receptores si están buscando una sustancia química específica. Por ejemplo, los receptores de serotonina tratarán de captar las moléculas de serotonina. Si hay un exceso de moléculas persistentes en ese espacio, la célula presináptica recogerá esas moléculas y las utilizará en otra comunicación reprocesándolas. Diferentes tipos de neurotransmisores llevan diferentes mensajes que juegan un papel específico en la creación de la química cerebral de una persona. Se cree que el desequilibrio de estas sustancias químicas desempeña un papel importante en la depresión y otras enfermedades mentales.

Norepinefrina

La norepinefrina tiene una doble función como neurotransmisor y hormona. Es responsable de la respuesta de "lucha o huida" que sienten los humanos, incluida la adrenalina. Ayuda a transmitir mensajes entre las células. En los años 60, los científicos sugirieron que la sustancia química de interés era la norepinefrina cuando se trataba del cerebro humano y la depresión. Estos científicos propusieron la "catecolamina" como hipótesis de todos los trastornos del estado de ánimo. Sugirieron que cuando no hay suficiente norepinefrina en el cerebro humano, es cuando se produce la depresión. Por el contrario, los trastornos maníacos se producen cuando el cerebro de una persona tiene demasiada norepinefrina. Aunque hay muchas pruebas que apoyan esta afirmación, ha sido cuestionada por muchos otros investigadores. En primer lugar, han descubierto que los cambios en los niveles de norepinefrina no afectan al estado de ánimo de todas las personas. Además, la depresión puede aliviarse en algunas personas modificando los niveles de norepinefrina. Por último, los investigadores actuales saben que los niveles bajos de norepinefrina no son la única causa química de la depresión.

Serotonina

La serotonina es una de las sustancias químicas más conocidas por la población. Casi todo el mundo sabe que la serotonina es la sustancia química que nos hace sentir bien en el cerebro. La serotonina no sólo ayuda a regular el estado de ánimo de una persona, sino que también tiene una variedad de trabajos diferentes en el cuerpo humano que van desde la coagulación de la sangre a la función sexual. En lo que respecta a la depresión, los investigadores han centrado su tiempo y esfuerzos en la serotonina durante los últimos 20 años. Todo ello gracias a la invención de antidepresivos como el Prozac u otros ISRS, que se conocen como inhibidores selectivos de la recaptación de serotonina. Al igual que el nombre ISRS indica, estos tipos de medicamentos se centran en actuar sobre las moléculas de serotonina. Algunos médicos famosos propusieron originalmente que los niveles bajos de serotonina hacen que la norepinefrina también baje, pero los niveles de serotonina pueden manipularse mediante el uso de medicamentos para aumentar la norepinefrina. Otro tipo de antidepresivos conocidos como antidepresivos tricíclicos (ATC) también tienen la capacidad de afectar tanto a la serotonina como a la norepinefrina. Sin embargo, también afectan a la histamina y a la acetilcolina. Los efectos secundarios de los ATC incluyen sequedad de ojos, sequedad de boca, sensibilidad a la luz, sabor peculiar en la boca, visión borrosa, vacilación urinaria y estreñimiento. Por consiguiente, los ISRS no tienen efecto sobre los niveles de acetilcolina e histamina y no ofrecen los mismos efectos secundarios que los ATC. Por ello, los médicos y las personas deprimidas suelen optar por los ATC o por otras clases de antidepresivos.

Dopamina

La tercera sustancia química que tiene un gran papel en el estado de ánimo de una persona es la dopamina. La dopamina es una sustancia química también muy conocida, y la gente sabe que es responsable de la felicidad y el estado de ánimo. Los sentimientos positivos relacionados con el refuerzo y la recompensa son creados por la dopamina, que ayuda a las personas a mantenerse motivadas para continuar haciendo una actividad o tarea. Los científicos también creen que la dopamina desempeña un papel importante en numerosas afecciones que afectan al cerebro, como la esquizofrenia y el Parkinson. Hay pruebas que demuestran que la disminución de los niveles de dopamina contribuye a la depresión en algunas personas. Cuando las personas pasan por muchos tratamientos que fracasan, los médicos han recetado medicamentos que actúan como la dopamina y han encontrado el éxito en esto. Sin embargo, hay que tener en cuenta que la mayoría de las mediaciones utilizadas para la depresión suelen tardar más de 6 semanas en ser efectivas. En la actualidad, los investigadores también se centran en averiguar si los agentes dopaminérgicos en la medicación pueden producir un resultado más rápido para tratar la depresión. Sin embargo, hay que tener en cuenta que el uso de la dopamina como medicación tiene algunas desventajas graves. La producción de dopamina también puede ser despertada por drogas recreativas como el alcohol, los opiáceos y la cocaína. No es inaudito que las personas se automediquen cuando están deprimidas consumiendo estas sustancias. Cuando alguien activa su ciclo de recompensa de la dopamina mediante el consumo de sustancias, se pueden desarrollar adicciones.

Niveles bajos de neurotransmisores

Si entendemos que la depresión es causada por niveles bajos de neurotransmisores, entonces nuestra siguiente pregunta es, ¿cuáles son exactamente las causas de los niveles bajos de norepinefrina, dopamina o serotonina para empezar? Investigaciones recientes han encontrado algunas causas potenciales de desequilibrios químicos en el cerebro de una persona. Entre ellas:

- No hay suficientes sitios receptores disponibles para recibir neurotransmisores
- No se produce suficiente cantidad de un neurotransmisor específico
- No hay suficientes moléculas responsables de la creación de neurotransmisores

- Las células presinápticas están tomando los neurotransmisores de vuelta antes de que tenga la oportunidad de ser recibido por la célula destinada
- Las moléculas encargadas de fabricar los neurotransmisores se están agotando

Una interrupción en cualquier parte del proceso total puede dar lugar a niveles más bajos de neurotransmisores. Numerosas teorías nuevas se centran en los factores que causan niveles bajos, por ejemplo, el estrés mitocondrial. Una de las principales dificultades que tienen los médicos e investigadores a la hora de relacionar los niveles bajos de sustancias químicas cerebrales con la depresión es que no existe ningún método que pueda utilizarse para medirlos de forma consistente y precisa. Otras partes del cuerpo humano también son responsables de la producción de neurotransmisores. Estas cantidades deben medirse y tenerse en cuenta también a la hora de diagnosticar la depresión y de buscar un método de tratamiento que sea más eficaz.

Tipos de depresión

Como hemos mencionado anteriormente, la depresión es diferente para cada persona, y por lo tanto, diferentes personas requieren diferentes métodos de tratamiento. La depresión no es una talla única para todos; es un trastorno que se presenta de muchas formas. Cuando las personas son diagnosticadas con depresión, los médicos definirán la gravedad de la misma determinando si es leve, moderada o mayor. Determinar esto puede ser una tarea complicada, pero saber qué tipo de depresión tiene puede ayudarle a controlar sus síntomas y a encontrar la depresión más eficaz para su tipo específico de depresión. Conozcamos algunos tipos diferentes:

Depresión leve y moderada

Los tipos más comunes de depresión son la depresión leve y la moderada. Este tipo de depresión es algo más que un simple sentimiento de "tristeza" o "melancolía"; los síntomas de este tipo de depresión suelen interferir en la vida de las personas al restarles motivación y alegría. Estos síntomas pueden sentirse amplificados en la depresión moderada y a menudo conducen a la disminución de la autoestima y la confianza en sí mismo de la persona.

Un tipo de depresión de "bajo grado" se llama distimia. Cuando una persona tiene distimia, se siente deprimida de forma leve a moderada la mayoría de las veces, pero estas personas tienen breves períodos en los que sienten un estado de ánimo normal. Estos son algunos de los rasgos que definen la distimia:

- Los síntomas de la distimia no son tan graves o fuertes como los de la depresión mayor, pero tienden a durar mucho tiempo (un mínimo de 2 años)
- Algunas personas informan de que experimentan episodios depresivos intensos además de tener distimia, lo que constituye una condición llamada "depresión doble".
- Cuando una persona padece distimia, puede sentir que siempre ha estado deprimida durante toda su vida. Puede pensar que su bajo estado de ánimo constante es "simplemente su forma de ser".

Depresión mayor

La depresión mayor es una forma menos común de depresión leve o moderada; se caracteriza por síntomas que son graves e implacables. Estas son dos características de la depresión mayor:

- Si la depresión mayor no se trata, suele durar unos 6 meses

- Aunque algunas personas sólo experimentan un episodio depresivo en su vida, la depresión mayor puede ser un trastorno recurrente a lo largo de su vida

Depresión atípica

La depresión atípica es un subtipo de depresión mayor muy común que presenta patrones de síntomas específicos. Tiene una mejor respuesta con algunos medicamentos y terapias en comparación con otros, identificar este tipo de depresión es muy útil a la hora de prescribir el tratamiento. A continuación se describen algunos rasgos para profundizar en su descripción:

- Las personas con depresión atípica suelen experimentar un aumento temporal del estado de ánimo en respuesta a acontecimientos positivos. Esto incluye salir con amigos o recibir algún tipo de buena noticia.
- La depresión atípica incluye aumento del apetito, aumento de peso, sueño excesivo, sensibilidad al rechazo y una "sensación de pesadez" en brazos y piernas.

Trastorno afectivo estacional (TAE)

Aunque mucha gente piensa que este tipo de depresión es sólo un mito, es una condición real. Algunas personas, cuando experimentan una reducción de las horas de luz durante el invierno, pueden sufrir un tipo de depresión llamado trastorno afectivo estacional (TAE). Aunque no se trata de un tipo de depresión muy popular, el TAE afecta a entre el 1% y el 2% de la población general, sobre todo a jóvenes y mujeres. El TAE puede hacer que una persona se sienta completamente diferente de la que es en verano. Las personas tienden a sentirse estresadas, tristes, desesperadas, tensas y con poco interés por los amigos o las actividades que normalmente disfrutan. El TAE suele comenzar durante el otoño o el invierno, cuando los días son cortos, y permanece hasta que llegan los días más luminosos de la primavera.

Síntomas de la depresión

Una de las partes más importantes de este capítulo es el aprendizaje de los síntomas de la depresión. Al entender qué síntomas son causados por la depresión, puede ayudar a las personas a identificar la diferencia entre un período de duelo y un verdadero trastorno de depresión. Cuando una persona se siente triste, tiene pensamientos negativos o tiene problemas para dormir, no significa necesariamente que tenga depresión. Para que a una persona se le diagnostique un trastorno de depresión, debe presentar estos rasgos:

- Los síntomas de la persona deben ser nuevos para ella o ser notablemente peores en comparación con cómo eran antes del episodio depresivo
- Los síntomas de la persona deben persistir durante la mayor parte del día y ser tan constantes como casi todos los días durante al menos dos semanas consecutivas
- El episodio que experimenta esta persona también debe ir acompañado de un deterioro del funcionamiento o de una angustia clínicamente significativa

Cuando empiece a sospechar que puede tener un trastorno de depresión, es extremadamente importante hablar de TODOS los síntomas que pueda estar experimentando. El objetivo de los tratamientos para la depresión es ayudar a las personas a sentirse de nuevo como ellas mismas para que puedan disfrutar de las cosas que solían hacer. Para conseguirlo, los profesionales deben ser capaces de encontrar el tratamiento adecuado para aliviar y tratar todos sus síntomas. Incluso si a una persona se le prescribe una medicación adecuada para su tipo de depresión, esto puede llevar bastante tiempo. De hecho, algunas personas se ven obligadas a probar diferentes medicamentos hasta encontrar el que mejor funcione para su organismo específico. El objetivo del tratamiento de la depresión no sólo consiste en mejorarla, sino que gira principalmente en torno a mantenerse mejor.

Tenemos que recordar a lo largo de este libro que la depresión no es un simple cambio de humor o un momento de "debilidad". La depresión es una condición médica real que tiene muchos síntomas conductuales, físicos, emocionales y cognitivos. Comenzaremos hablando de los diferentes tipos de síntomas de la depresión.

Síntomas emocionales

Los síntomas más comunes de la depresión son los emocionales. Estos síntomas son los que sientes que afectan a tu estado de ánimo. Aquí hay ejemplos de algunos síntomas emocionales que las personas con depresión tienen que soportar:

- **Tristeza constante:** Este síntoma es el sentimiento de tristeza que se produce en una persona deprimida sin razón aparente. Este sentimiento puede ser muy intenso; a menudo parece que nada puede hacer que desaparezca.
- **Sentimiento de inutilidad:** Una persona deprimida suele experimentar sentimientos irreales de inutilidad o culpabilidad. Por lo general, no hay un acontecimiento específico que provoque estos sentimientos; simplemente se producen al azar.
- **Pensamientos suicidas u oscuros:** Este tipo de pensamientos pueden ocurrir con mucha frecuencia

durante la depresión de una persona. Estos pensamientos tienen que ser tomados muy en serio, y cuando una persona está experimentando estas emociones, debe pedir ayuda de inmediato.

- **Pérdida de interés o placer en actividades que antes disfrutaba:** Una persona deprimida puede experimentar una pérdida de interés que afecta a todas las áreas de su vida. Esto puede ir desde no encontrar placer en sus anteriores aficiones hasta las actividades cotidianas que la persona solía disfrutar.

Síntomas físicos

Los síntomas físicos desempeñan un papel muy importante en la depresión de una persona. Por lo general, cuando las personas experimentan síntomas físicos, están cerca de descubrir que pueden tener depresión. Muchas personas piensan que la depresión se limita a los síntomas emocionales, pero esto es falso. A continuación se presentan algunos síntomas físicos de la depresión:

- **Baja energía:** Las personas que padecen depresión suelen tener siempre la sensación de estar bajas de energía aunque no hayan realizado ningún esfuerzo. Este tipo de fatiga depresiva es diferente en el sentido de que ni el sueño ni el descanso pueden aliviar este cansancio.

- **Deterioro psicomotor:** La depresión puede hacer que una persona sienta que todo está ralentizado. Esto incluye la ralentización del habla, de los movimientos corporales, del pensamiento, del habla con un volumen bajo, de las largas pausas antes de responder, de la inflexión o del mutismo.
- **Dolores y molestias:** La depresión puede provocar a menudo dolores físicos. Esto incluye dolor en las articulaciones, dolor de estómago, dolores de cabeza, dolor de espalda u otros dolores).
- **Insomnio o hipersomnia:** Cuando una persona está deprimida, su sueño suele ser interrumpido y poco reparador. Cuando la persona se despierta, suele tener algún tipo de angustia mental que le impide volver a dormirse. Otros casos pueden ser lo contrario, en los que la persona duerme en exceso.
- **Cambio de peso:** Un cambio en el peso de una persona es un signo importante para los profesionales que diagnostican la depresión.

Síntomas de comportamiento

Además de los síntomas emocionales y físicos, los síntomas conductuales también desempeñan un papel importante a la hora de diagnosticar la depresión. Algunos síntomas conductuales son:

- **Cambio de apetito:** El más común de todos los síntomas conductuales de la depresión es la disminución del apetito. Las personas con depresión informan de que la comida les parece insípida y piensan que todas las raciones son demasiado grandes. En consecuencia, algunas personas aumentan el consumo de alimentos, especialmente de los dulces, lo que puede provocar un aumento de peso.
- **Impresión de inquietud:** Para algunas personas, la depresión las vuelve muy nerviosas y agitadas. Pueden tener dificultades para sentarse quietos, no pasearse, juguetear con los objetos o retorcerse las manos.

Síntomas cognitivos

Los síntomas cognitivos son uno de los síntomas de los que menos se habla cuando se trata de la depresión. Este es difícil de diagnosticar, ya que muchas personas no saben si lo están experimentando. El principal síntoma cognitivo de la depresión es el siguiente:

- **Dificultad para tomar decisiones o concentrarse:** Una persona deprimida puede experimentar una menor capacidad de concentración o de pensamiento. Esto hace que muestren comportamientos de indecisión.

Capítulo 4: Beneficios e inconvenientes de la terapia cognitivo-conductual

Como se ha comentado en el capítulo anterior, hemos aprendido que la TCC puede ser tan eficaz, si no más, que los medicamentos a la hora de tratar la ansiedad y la depresión. Para que la TCC tenga éxito, la persona debe adoptar un enfoque comprometido. A continuación, analizaremos los beneficios y las desventajas de elegir la TCC para combatir el trastorno de ansiedad.

Beneficios de la TCC

1. Hay estudios que demuestran que la terapia cognitivo-conductual es tan eficaz como la medicación a la hora de tratar los trastornos de ansiedad y otros trastornos mentales.
2. La TCC es sensible al tiempo: puede completarse en poco tiempo en comparación con otros tipos de terapias conductuales.

3. La TCC está muy estructurada, lo que significa que puede utilizarse en diferentes formatos. Esto incluye libros de autoayuda, grupos y programas informáticos.
4. Durante la TCC, aprendes habilidades útiles y prácticas que puedes incorporar a tu vida diaria. Esto puede ayudarle a afrontar las tensiones actuales y también las dificultades futuras.

Inconvenientes de la TCC

1. Para beneficiarse plenamente de la TCC, es necesario comprometerse con el proceso. Un terapeuta puede estar ahí para ayudar y aconsejar, pero no puede ayudar a resolver tus problemas sin tu cooperación.
2. La naturaleza estructurada de la TCC puede no ser adecuada para las personas que sufren problemas de aprendizaje o problemas de salud mental más complejos.
3. Algunas personas sostienen que la TCC sólo ayuda con los problemas actuales y cuestiones específicas; no aborda la posibilidad de las causas subyacentes de los problemas de salud mental. Por ejemplo, una infancia infeliz.
4. La TCC suele centrarse en la capacidad del individuo para cambiar sus pensamientos, sentimientos y comportamientos, pero no aborda un conjunto más amplio de problemas cuando se trata de sistemas o

familias. Estos problemas suelen tener un gran impacto en la salud y el bienestar de alguien.

En conclusión, la TCC es eficaz cuando se trata de ayudarte a controlar problemas como la ansiedad, para que sea menos probable que repercuta negativamente en tu vida. Sin embargo, siempre existe el riesgo de que los sentimientos que asocias con tus problemas vuelvan a aparecer, pero si entiendes y sabes cómo utilizar tus habilidades de TCC, debería resultarte fácil controlarlos. Si está practicando la TCC con un terapeuta o a través de un programa, es importante que practique las habilidades aprendidas incluso cuando las sesiones hayan terminado.

Capítulo 5: Uso de la TCC para controlar la ansiedad y la depresión

Ahora nos encontramos con el tema más importante. ¿Cómo funciona la TCC para tratar la ansiedad y la depresión? Sabemos que la base de la TCC se basa en la relación entre los pensamientos, las emociones y los comportamientos, y también sabemos que controlar nuestros pensamientos nos llevará a controlar también el comportamiento. El primer paso de la TCC es aprender a controlar la preocupación. Al tomar el control de su preocupación, ésta no tendrá la oportunidad de manifestarse en ansiedad y depresión.

Estilos de pensamiento poco útiles

Para utilizar eficazmente la TCC, hay que entender los diferentes tipos de distorsiones cognitivas o también conocidos como "estilos de pensamiento inútil". Al saber cuáles son estos diferentes estilos, podrá identificar cuándo está ocurriendo y utilizar la TCC para cambiar ese pensamiento/preocupación. Al determinar si su preocupación está justificada o no, podrá controlar si su preocupación le llevará a la ansiedad. A continuación se presentan los doce tipos de distorsiones cognitivas que debes aprender:

1. Pensamiento de todo o nada: Esto se conoce también como "pensamiento en blanco y negro". Tiendes a ver las cosas en blanco o negro, o en éxito o en fracaso. Si tu rendimiento no es perfecto, lo verás como un fracaso.
2. Sobregeneralización: Ves una sola situación negativa como un patrón que nunca termina. Sacas conclusiones de situaciones futuras basándote en un solo acontecimiento.
3. Filtro mental: Eliges un solo detalle indeseable y te centras exclusivamente en él. Tu percepción de la realidad se vuelve negativa a partir de él. Sólo te fijas en tus fracasos pero no te fijas en tus éxitos.
4. Descalificar lo positivo: Descartas tus experiencias positivas o tu éxito diciendo: "eso no cuenta". Al descartar todas tus experiencias positivas, puedes mantener una perspectiva negativa aunque se contradiga en tu vida diaria.
5. Sacar conclusiones precipitadas: Se hace una suposición negativa incluso cuando no se tienen pruebas que la respalden. Hay dos tipos de conclusiones precipitadas:
    a. Lectura de la mente: Imaginas que ya sabes lo que los demás piensan negativamente de ti, y por eso no te molestas en preguntar.

b. Adivinación: Predices que las cosas acabarán mal y te convences de que tu predicción es un hecho.

6. Ampliación/Minimización: Exageras las cosas o reduces algo de forma inapropiada para que parezca poco importante. Por ejemplo, se exalta el logro de otra persona (magnificación) y se minimiza el propio (minimización).
7. Catastrofismo: asocia consecuencias terribles y extremas al resultado de situaciones y acontecimientos. Por ejemplo, si te rechazan para una cita, significa que estás solo para siempre, y cometer un error en el trabajo significa que te despedirán.
8. Razonamiento emocional: Supone que sus emociones negativas reflejan la realidad. Por ejemplo, "lo siento así, por lo tanto, es verdad".
9. Afirmaciones "debería": Te motivas utilizando "deberías" y "no deberías" como si asociaras una recompensa o un castigo antes de hacer algo. Como asocias la recompensa/castigo con los "debería" y "no debería" para ti, cuando los demás no lo cumplen, sientes rabia o frustración.
10. Etiquetado y mal etiquetado: Esto es una sobregeneralización al extremo. En lugar de describir tu error, te asocias automáticamente una etiqueta negativa: "soy un perdedor". También lo haces con los demás; si el

comportamiento de otra persona es indeseable, también le atribuyes "es un perdedor".

11. Personalización: Asumes la responsabilidad de algo que no fue tu culpa. Te ves a ti mismo como la causa de una situación externa.
12. Todo a la vez, al sesgo: Es cuando crees que los riesgos y las amenazas están justo en la puerta de tu casa, y la cantidad de ellos también aumenta. Cuando esto ocurre, tiendes a
    a. Piensa que las situaciones negativas evolucionan más rápido de lo que tú puedes aportar soluciones
    b. Piensa que las situaciones se mueven tan rápido que te sientes abrumado
    c. Piensa que no hay tiempo entre ahora y la amenaza inminente
    d. Numerosos riesgos y amenazas parecen aparecer al mismo tiempo

Al comprender estas distorsiones cognitivas y estilos de pensamiento poco útiles, tendrás la oportunidad de interrumpir el proceso y decir, por ejemplo, "estoy catastrofizando de nuevo". Cuando seas capaz de interrumpir tus propios estilos de pensamiento poco útiles, podrás reajustarlos a algo que sea más útil. En el próximo capítulo, hablaremos de algunos consejos y trucos para ayudarte a desafiar tus propias distorsiones cognitivas. Esta es una de las principales estrategias de la TCC.

Desafiando sus estilos de pensamiento inútiles

Una vez que seas capaz de identificar tus propios estilos de pensamiento poco útiles, puedes empezar a intentar remodelar esos pensamientos para convertirlos en algo más realista y factual. En este capítulo, he clasificado todas las diferentes distorsiones cognitivas y las preguntas que deberías hacerte para desarrollar pensamientos diferentes.

Ten en cuenta que se necesita mucho esfuerzo y dedicación para cambiar nuestros propios pensamientos, así que no te frustres si no lo consigues de inmediato. Es probable que hayas tenido estos pensamientos durante un tiempo, así que no esperes que cambien de la noche a la mañana.

Sobreestimación de la probabilidad

Si descubre que tiene pensamientos sobre un posible resultado negativo, pero nota que a menudo sobrestima la probabilidad, intente hacerse las siguientes preguntas para reevaluar sus pensamientos.

- Según mi experiencia, ¿cuál es la probabilidad de que este pensamiento se haga realidad?
- ¿Cuáles son los otros resultados posibles de esta situación? ¿Es el resultado que estoy pensando ahora el único posible? ¿Mi resultado temido es el más alto posible de los otros resultados?
- ¿He vivido alguna vez este tipo de situación? Si es así, ¿qué ocurrió? ¿Qué he aprendido de estas experiencias pasadas que me sería útil ahora?
- Si un amigo o un ser querido tiene estos pensamientos, ¿qué le diría?

Catastrofismo

- Si la predicción que temo se hiciera realidad, ¿qué tan malo sería?
- Si me siento avergonzado, ¿cuánto tiempo durará esto? ¿Cuánto tiempo recordarán/hablarán los demás de ello? ¿Qué cosas diferentes podrían decir? ¿Es 100% probable que sólo hablen de cosas malas?

- Me siento incómodo en este momento, pero ¿es realmente un resultado horrible o insoportable?
- ¿Cuáles son las otras alternativas de cómo podría resultar esta situación?
- Si un amigo o un ser querido tuviera estos pensamientos, ¿qué le diría?

Lectura de la mente

- ¿Es posible que yo sepa realmente cuáles son los pensamientos de los demás? ¿En qué otras cosas podrían estar pensando?
- ¿Tengo alguna prueba que apoye mis propias suposiciones?
- En el caso de que mi suposición sea cierta, ¿qué tiene de malo?

Personalización

- ¿Qué otros elementos podrían estar jugando un papel en la situación? ¿Podría ser el estrés, los plazos o el estado de ánimo de la otra persona?
- ¿Siempre hay que culpar a alguien?
- Una conversación nunca es responsabilidad de una sola persona.

- ¿Alguna de estas circunstancias estaba fuera de mi control?

Declaraciones de Deberes

- ¿Tendría el mismo nivel de exigencia con un ser querido o un amigo?
- ¿Hay alguna excepción?
- ¿Habrá alguien que lo haga de forma diferente?

Pensamiento de todo o nada

- ¿Hay algún punto intermedio o zona gris que no esté considerando?
- ¿Juzgaría a un amigo o a un ser querido de la misma manera?
- ¿Fue toda la situación 100% negativa? ¿Hubo alguna parte de la situación que manejé bien?
- ¿Es tan horrible tener/mostrar algo de ansiedad?

Atención/memoria selectiva

- ¿Cuáles son los elementos positivos de la situación? ¿Los estoy ignorando?

- ¿Una persona diferente vería esta situación de manera diferente?
- ¿Qué puntos fuertes tengo? ¿Los estoy ignorando?

Creencias básicas negativas

- ¿Tengo alguna prueba que apoye mis creencias negativas?
- ¿Es este pensamiento cierto en todas las situaciones?
- ¿Estaría un ser querido o un amigo de acuerdo con mi autoestima?

Una vez que se descubra a sí mismo utilizando estos patrones de pensamiento poco útiles, hágase las preguntas anteriores para empezar a cambiar sus propios pensamientos. Recuerde que la base de la TCC es la idea de que sus propios pensamientos afectan a sus emociones, que a su vez influyen en su comportamiento. Al detectar y cambiar sus pensamientos antes de que se conviertan en una espiral, usted tendrá el control de sus emociones y de su comportamiento.

Ejemplos de uso de la TCC para tratar la ansiedad

En esta etapa del libro, ya ha comprendido lo que es la TCC, la ansiedad, la preocupación y los estilos de pensamiento inútiles. Pasaremos a algunos ejemplos de la vida real en los que se utiliza la TCC para tratar la ansiedad. Estos ejemplos se basan en sesiones reales de terapia en las que se utiliza la TCC para ayudar al cliente a remodelar sus pensamientos y cambiar sus estilos de pensamiento. En estos ejemplos, el terapeuta identifica los problemas a los que se enfrenta el cliente y luego comienza a enseñarle cómo utilizar la TCC para cambiar sus pensamientos.

Ejemplo 1 (Sesión 1)

Harriett tiene 40 años y dos hijos: Jeremy y Lynn, de 17 y 13 años respectivamente. Tiene un marido llamado Michael, él es abogado y Harriett trabaja como diseñadora en una empresa de diseño de interiores. Está en terapia debido a sus recurrentes ataques de pánico y tiene un historial de depresión. A continuación, la transcripción entre Harriett y su terapeuta, Michaela.

Harriett: No he podido funcionar con normalidad debido a mis recientes ataques de pánico. Mi corazón empieza a acelerarse y siento que empiezo a asfixiarme. Empiezo a concentrarme en ello. En realidad no estoy segura.

Michaela: Intenta concentrarte en ello; dame una sensación de lo que está pasando.

Harriett: Bueno, en realidad, el pánico ocupa todo mi cuerpo. No puedo pensar en nada más. Mi corazón late muy rápido y mi sangre se siente caliente y acelerada también. Siento que me estoy muriendo. Ya he ido tres veces a urgencias porque creía que estaba en peligro.

Michaela: ¿Así que sientes una preocupación total?

Harriett: Michael, mi marido, llegaba tarde y además había extraviado las llaves del coche. Toda la situación era una locura. Después de reunir a todos, empecé a sollozar. Lloraba tanto que era incontrolable.

Michaela: ¿Y qué pasó después?

Harriett: Bueno, después de recomponerme, empecé a prepararme para el trabajo. Una vez que entré en mi coche, me quedé helada. Mi corazón comenzó a acelerarse de nuevo y sentí un cosquilleo en todos mis brazos. Pensé que me iba a desmayar. Mi primera reacción fue llevarme a urgencias, así que llamé a Michael, pero todavía estaba demasiado alterado y enfadado por el incidente de esa mañana. Me dijo que debía llamar a otra persona para que me llevara a urgencias. Así que llamé a mi única opción, mi hijo Jeremy, y dejó la escuela para llevarme a urgencias. Me sentí muy avergonzada. Una vez que me evaluó la doctora, me dijo que no me pasaba nada.

Michaela: ¿Qué opina al respecto?

Harriett: Estaba segura de que definitivamente me pasaba algo. Las sensaciones físicas que sentía eran muy reales; ¿conoces las sensaciones de hormigueo y de corazón acelerado? El médico sugirió que un psiquiatra podría ayudarme.

Michaela: Entonces, ¿fuiste a pedir cita con el psiquiatra?

Harriett: Sí, me sometí a una serie de pruebas y todos los resultados fueron negativos. Al día siguiente tuve otra cita con otro psiquiatra y me recetó una medicación que parece estar ayudando un poco.

Michaela: ¿Sabe qué tipo de medicación le han recetado?

Harriett: Creo que eran antidepresivos. No estoy completamente segura.

Michaela: ¿Has estado deprimido alguna vez?

Harriett: Sí, creo que sí. Siento que he luchado con ataques de depresión durante toda mi vida.

Michaela: Dame algunos ejemplos de tus batallas con la depresión.

Harriett: Bueno, por ejemplo, siento que estoy luchando actualmente. Mi marido es abogado, lo que significa que está bastante ocupado todo el día, todos los días. Jeremy es un adolescente y también está siempre ocupado. Lynn se está convirtiendo en una adolescente y está en la etapa en la que siente que su madre siempre se equivoca. Me siento como si estuviera caminando sobre cáscaras de huevo todo el tiempo. Siento constantemente que no valgo nada. Siento que toda esperanza está perdida.

Michaela: ¿Así que sientes que todo es sombrío y que no hay esperanza?

Harriett: Sí, siento que mi vida es miserable. Casi como una tragedia.

Michaela: ¿Así que no es sólo ahora?

Harriett: No.

Michaela: Cuéntame más sobre lo que sientes.

Harriett: Bueno, cuando tenía 13 años, la misma edad que Lynn, fue cuando mi madre falleció de cáncer. Sentí como si toda mi vida llegara a su fin. Amaba a mi madre tan profundamente, y constantemente pienso en cómo serían las cosas para mi hija si yo...

Michaela: ¿Si lo que le pasó a tu madre te pasara a ti?

Harriett: Sí.

Michaela: ¿Qué sería...?

Harriett: Me pregunto cómo sería para mi hija.

Michaela: ¿Y teníais la misma edad?

Harriett: Sí, tenía 13 años cuando murió mi madre. La misma edad que tiene Lynn ahora. Siempre pienso en todas las cosas que tuve que hacer durante esa época. Yo era la mayor de los hermanos, así que asumí el papel de cuidar de mi padre, mi hermana y mi hermano.

Michaela: ¿Cómo fue? ¿Qué tenías que hacer?

Harriett: Mi padre se deprimió mucho y empezó a beber. Tuve que cuidar de él. Yo era la primera en levantarme de todos para prepararles el desayuno. Tenía que asegurarme de que mi padre cuando al trabajo lo que significaba que tenía que despertarlo. Después de eso, tenía que hacer el almuerzo de todos y luego prepararme para la escuela. También tenía que controlar a mis hermanos a lo largo del día.

Michaela: ¿Qué te parece esto?

Harriett: El hecho de no afrontar nuestros sentimientos era una constante en mi familia. Nos limitábamos a apartar nuestros sentimientos.

Michaela: ¿Los empujó hacia abajo? Ya veo. ¿Qué pasaba con tu padre? Mencionaste que estaba deprimido y que bebía mucho.

Harriett: Sí. Echaba mucho de menos a mi madre, y yo lo entendía, yo también la echaba de menos. Yo era el hijo mayor, así que se desquitó conmigo de muchas cosas.

Michaela: ¿Cómo se desquitó contigo?

Harriett: Constantemente bromeaba sobre que yo era demasiado tonta para ir a la universidad. Yo quería ir a la universidad.

Michaela: ¿Así que te criticaría?

Harriett: Sí, me menospreciaba constantemente, y yo le decía que me estaba menospreciando. Él se enfadaba y decía que sólo estaba bromeando.

Michaela: ¿Qué te pareció esto?

Harriett: Me sentí muy mal porque no puedes enfadarte tanto por una "broma". Estaba confundida. Tomé todos esos sentimientos y los reprimí al máximo.

Michaela: ¿Seguirá reprimiendo los sentimientos?

Harriett: Sí, Michael también tiene esa tendencia a criticar.

Michaela: Y cuando se enfrenta a ese tipo de críticas, ¿cómo se siente?

Harriett: Me enfado mucho, y después me suelen decir que sólo era una broma.

Michaela: ¿Qué haces cuando tienes esos sentimientos de ira?

Harriett: Me guardo los sentimientos. No me gusta lidiar con esos sentimientos.

Michaela: Si estás reprimiendo tus sentimientos como lo haces con Michael y tu padre, ¿cómo te está afectando? ¿Qué precio estás pagando por reprimir tus sentimientos?

Harriett: No lo sé.

Michaela: Yo tampoco estoy segura. Este podría ser un posible tema que podemos discutir en nuestras futuras sesiones.

Harriett: Sí.

Michaela: Muy bien, vamos a ver si estoy de acuerdo con todo lo que me has dicho hasta ahora. Por favor, hazme saber si me equivoco. Estás lidiando con mucho pánico, y lo has experimentado a través de los ataques que has tenido. Esto incluso te ha llevado a urgencias unas cuantas veces. Parece que estás pasando por varias cosas diferentes.

Harriett: Sí, correcto.

Michaela: Empecemos hablando de lo que podemos hacer con estos ataques de pánico. Luego, hablemos de su negocio de reprimir los sentimientos y del impacto que tiene en usted.

Michaela: Me gustaría que intentaras empezar a notar cuándo empiezas a tener ataques de pánico y el momento exacto en el que empiezas a rechazar tus sentimientos. Hablaremos de ello en nuestra próxima sesión.

En este ejemplo, la terapeuta Michaela pudo identificar dos cuestiones importantes. El primero fueron los ataques de pánico de Harriett; seguiremos explorando esto con más detalle y diseñaremos un plan de tratamiento, ya que esto está afectando a su vida en gran medida. Una vez que Harriett tenga las habilidades necesarias para mantener sus ataques de pánico bajo control, podremos abordar el siguiente problema, que es el impacto de su depresión y ansiedad.

Ejemplo nº 2 (segunda sesión)

Michaela: Vamos a conocer mejor tus ataques de pánico. Háblame del peor incidente que hayas tenido.

Harriett: Era una mañana loca; todo el mundo acababa de salir. Michael se fue a trabajar y los niños a la escuela. Una vez que todos se fueron, empecé a llorar incontroladamente. De alguna manera, mi llanto terminó y comencé a prepararme para el trabajo.

Michaela: Vamos a intentar algo aquí. Puedo pedirte que por favor cierres los ojos y te sientes en tu silla?

Harriett: Sí, claro.

Michaela: (Durante este tiempo, Michaela explora el proceso de pensamiento y los sentimientos de Harriett relacionados con el incidente. Utilizó una técnica de imágenes para guiarla a notar los pensamientos a los que normalmente no prestaría atención. El objetivo de este ejercicio es ayudar a Harriett a ver que sus pensamientos y emociones están conectados y cómo esto influye en su comportamiento físico, como sus ataques de pánico).

Harriett: Entré en mi coche cuando estaba a punto de salir para el trabajo. De repente, me sentí mareada. Me asusté porque pensé que el ataque de pánico estaba ocurriendo de nuevo. Mi corazón empezó a latir muy rápido y comencé a respirar con dificultad y muy rápido. Pensé que tenía que ir a urgencias porque estaba teniendo un ataque al corazón. Tenía miedo de no conseguirlo. Pensé que tenía que buscar ayuda. Sentí que los pulmones se me cerraban.

Michaela: (Michaela identifica que Harriett está teniendo una valoración catastrófica de la situación al describir que cree que se está muriendo de nuevo y que está teniendo un ataque al corazón. Michaela quiere hacer entender a Harriett que no es una víctima pasiva durante sus ataques de pánico, y que si fuera capaz de ver su situación desde una nueva perspectiva, tendría la capacidad de afrontarla de otra manera. Ella puede cambiar su propio resultado)

Michaela: En esta situación, todo el mundo se había ido a la escuela o al trabajo, y usted sintió una sensación de alivio. Luego tuviste esos sentimientos de pánico?

(Para que Michaela ayude a Harriett a ver la conexión entre el estímulo desencadenante, los pensamientos, las emociones y el comportamiento, Michaela decide utilizar la metáfora de un reloj visual para ayudar a Harriett a ver su situación con claridad. Las 12:00 son la situación, las 3:00 son sus sentimientos aprensivos, la ansiedad y el miedo, las 6:00 son los pensamientos catastrofistas que se producen automáticamente y las 9:00 son las conductas de un ataque de pánico).

Michaela: Así que los pensamientos que tenías: "¿Está pasando esto otra vez? Estoy perdiendo el control". Luego, al no poder ir a trabajar y buscar ayuda, "¿A quién puedo llamar para que me ayude?". Parece que es un ciclo.

Harriett: Sí, un círculo vicioso.

Michaela: Eso es algo que podemos investigar. (Con el acuerdo de Harriett, Michaela la ayudó a explorar las formas en que Harriett puede comenzar a controlar sus propios pensamientos)

Michaela: Una acción que deberás empezar a hacer es anotar cuando empieces a tener sentimientos de ansiedad. Sea muy específico cuando esto ocurra. Así podremos llevar un registro de las situaciones específicas que inducen a la ansiedad.

Harriett: Sí.

Michaela: (El objetivo del tratamiento será controlar los ataques de pánico de Harriett. Michaela hará esto enseñando a Harriett cómo el miedo anticipatorio juega un papel cuando se trata de la naturaleza de los ataques de pánico. Michaela también ayudará a Harriett con; el manejo de sus síntomas, prestar atención a las señales de advertencia, interrumpir su crítico interior, ejercicios de respiración, entrenamiento de relajación, reestructuración cognitiva para ayudar a controlar los estilos de pensamiento catastrófico, interpretar los síntomas de ansiedad con precisión y aprender técnicas de afrontamiento).

Al final de la segunda sesión, Michaela ha decidido que aplicará el siguiente plan de tratamiento de terapia cognitivo-conductual para Harriett:

- Conocer el papel que desempeña el miedo anticipatorio en los ataques de pánico
- La naturaleza de los trastornos de pánico
- Habilidades para ayudar a controlar los síntomas de ansiedad/pánico
- Reestructuración cognitiva (cambiar los estilos de pensamiento poco útiles)
- Exposición gradual al estímulo de pánico
- Prácticas de técnicas de afrontamiento

Ejemplo 3 (Sesión 3)

Harriett: Así que, el martes pasado cuando entré en la habitación de Lynn por la noche para hacerle saber que la cena estaba lista, empezó a gritarme sobre...

Michaela: (Continúa controlando la ansiedad de Harriett centrando su atención en los pensamientos y sentimientos de Harriett durante la situación)

Michaela: Ayúdame a entender mejor lo que pasó con Lynn. Cómo te sentiste después de entrar en su habitación?

Harriett: Bueno, sentí que la explosión no era mi culpa. Sentí que era injusto. Sentí que no podía haber hecho nada al respecto. Empecé a pensar que en esta familia, nada de lo que hago está bien.

Michaela: ¿Qué pasó después?

Harriett: Salí de su habitación. Pude ver cómo empezaba a irritarme por ello. Sentí que mi pecho empezaba a cerrarse con estos sentimientos.

Michaela: (Michaela se da cuenta de que Harriett tiende a interpretar sus sentimientos de irritación y enfado como tensión y ansiedad. Los describe en términos físicos, como una sensación de opresión en el pecho).

Harriett: Sentía todo mi cuerpo muy tenso, pero intenté calmarme.

Michaela: ¿Has vuelto a sentir la sensación de que tu corazón se acelera?

Harriett: Sí, mi corazón estaba acelerado y mi respiración era sofocada.

Michaela: ¿Qué ha pasado esta vez?

Harriett: Acabo de dejar la situación saliendo de la habitación de Lynn.

Michaela: (Después de hacer un rápido repaso del resto de pensamientos, sentimientos, emociones y comportamientos de Harriett, Michaela decide centrarse en el problema de la hiperventilación de Harriett. Quiere ayudar a Harriett a regular sus cambios corporales durante la hiperventilación y darle a Harriett una sensación de control. Michaela decide utilizar un método llamado respiración diafragmática como herramienta de afrontamiento para Harriett).

Michaela: Cuando los seres humanos experimentan ataques de pánico, una cosa que tiende a suceder es que comienzan a respirar muy rápidamente. Es el acto de la hiperventilación. Cuando la gente experimenta este tipo de patrón de respiración, tiende a hacer que su cuerpo esté más tenso. Así que muchas de las sensaciones que tienes durante tus ataques de pánico; hormigueo, mareos, sofocos, son todos síntomas que están relacionados con la forma en que estás respirando. Por lo tanto, si aprendes a controlar tu respiración, esto podría ayudarte a detener el círculo vicioso de la hiperventilación. Tomemos un minuto para practicar un ejercicio de respiración.

Harriett: Claro.

Michaela: Genial. Esto le dará una idea de lo que puede controlar. Por favor, siéntese en su silla en una posición cómoda. Luego, cierre los ojos.

Michaela: Empieza por respirar lenta y profundamente, llenando el pecho, y mantenlo. Exhala lentamente e imagina que intentas enfriar una cucharada de sopa respirando sobre ella pero sin derramarla. Siente el calor y la calma de la sopa. Piensa en lo que hemos hablado sobre cómo estar tenso contribuye en gran medida al círculo vicioso de la hiperventilación.

Michaela: (En el siguiente paso, Michaela decide centrarse en el componente cognitivo del trastorno de pánico de Harriett.

Michaela decide examinar los pensamientos de Harriett utilizando una anécdota).

Michaela: Otra parte de este círculo vicioso del que hemos hablado es el tipo de pensamientos que estás teniendo. Para que ambos podamos entenderlos mejor, volvamos a la situación con Lynn y examinemos lo que pensabas y cómo te sentías en cada etapa.

Harriett: Muy bien.

Michaela: Retomemos el momento en que usted entró en la habitación de Lynn. ¿Qué dijo ella?

Harriett: Empezó a gritarme que siempre invadía su intimidad. Me pareció muy injusto. No hice nada malo al decirle que la cena estaba lista.

Michaela: Entonces, ¿te atacaba al azar?

Harriett: Sí, no hice nada. Después de salir de su habitación, pensé en que nunca puedo hacer lo correcto por mi familia y en que siempre estoy equivocada. Nunca puedo tener razón y no valgo nada.

Michaela: Así que estos pensamientos de "nunca hago nada bien, y nunca me aprecian", ¿son parte de tu círculo vicioso?

Harriett: Sí, exactamente.

Michaela: Me gustaría analizar dos componentes de esto. El primero es, ¿qué cosas puedes hacer para alterar tus pensamientos? El segundo es, ¿de dónde vienen estos pensamientos y sentimientos? Empecemos por intentar salir de ese ciclo, y luego pasaremos a averiguar de dónde vienen tus sentimientos.

Harriett: Bien.

Michaela: Explícame cuáles eran esos pensamientos.

Harriett: Entonces, pensé que el hecho de que me gritara así no era justo. No es que haya hecho nada malo. Todo lo que hice fue avisarle que la cena estaba lista. Cuando empecé a salir de su habitación, empecé a pensar que siempre es así. Siempre me equivoco y no hago nada bien. Soy un completo fracaso.

Michaela: (Cuando Harriett describe estos pensamientos, Michaela los identifica como pensamientos automáticos. Ayudará a Harriett a encontrar las pruebas que apoyan, o no, sus pensamientos para ayudar a Harriett a ver las cosas desde una perspectiva diferente)

Michaela: ¿Es cierto que eres un completo fracaso?

Harriett: No, absolutamente no.

Michaela: Exactamente, no eres un completo fracaso.

Harriett: No, no lo soy.

Michaela: ¿En qué aspectos no eres un completo fracaso? (Michaela está retando a Harriett a encontrar pruebas que demuestren que no está siempre fracasando).

Harriett: He hecho muchas cosas en el pasado, y tuve que criar a mis hermanos cuando todavía era una niña. Mi padre me decía que no podría ir a la escuela porque era demasiado tonta. Me aseguré de ir a la escuela de todos modos y me la pagué yo sola.

Michaela: ¿Así que te pagaste los estudios?

Harriett: Sí.

Michaela: Así que cuando tu madre murió, tuviste que cuidar de tu padre y de tus hermanos.

Harriett: Sí.

Michaela: ¿Entonces fuiste a la escuela?

Harriett: Sí. Mi padre estaba muy deprimido y lo único que hacía era beber. Me decía que era demasiado tonta para estudiar diseño de interiores. Para demostrarle que estaba equivocado, entré en una escuela de arte y lo estudié.

Michaela: ¿Así que aún fuiste capaz de hacerlo a pesar de las cosas que dijo de ti?

Harriett: Sí.

Michaela: ¿Tiene algún otro ejemplo de por qué no es un fracaso?

Harriett: Bueno, Jeremy entró en una buena universidad y está a punto de ir, así que eso es realmente impresionante. Los chicos son bastante buenos.

Michaela: ¿Y tu trabajo? ¿Sientes que también estás fracasando en él?

Harriett: En absoluto, ya llevo más de dos años trabajando allí.

Michaela: Entonces, basándose en su suposición de que es un completo fracaso, ¿se ajusta a la descripción de alguien que ha logrado todas esas cosas?

Harriett: No, supongo que no.

Michaela: (La discusión de las pruebas de apoyo que son consistentes con el hecho de que Harriett no es un fracaso, le ha dado esperanza. Comenzó a llorar suavemente al darse cuenta de esto)

Michaela: ¿Coincide la suposición de que eres inútil y un completo fracaso con la evidencia de quién es Harriett en realidad?

Harriett: No.

Michaela: (Para validar las reacciones de Harriett, Michaela decide ayudar a Harriett a apreciar cómo los sentimientos que tenía no sólo son normales sino que son apropiados dada su infancia y la historia con su padre)

Michaela: Las lágrimas que veo que tienes en este momento son una señal de lo mucho que estás en contacto con tus sentimientos ahora.

Harriett: Sí, lo son.

En las siguientes tres sesiones con Harriett y Michaela, pudieron utilizar una serie de técnicas de TCC para ayudar a Harriett a desarrollar el control sobre sus ataques de pánico. Utilizaron la respiración diafragmática para controlar su hiperventilación y el miedo anticipatorio. Identificaron las distorsiones cognitivas de Harriett y su tendencia a la catástrofe y practicaron la comprobación de sus propios pensamientos para determinar lo que es cierto y lo que es sólo un pensamiento. Michaela animó a Harriett a practicar esas habilidades de afrontamiento cada día como una forma de experimento para ver qué funcionaba con ella y qué no.

Al analizar los tres últimos ejemplos, pudimos ver claramente cómo el terapeuta identificaba las áreas en las que Michaela mostraba estilos de pensamiento poco útiles. En este caso, ella estaba catastrofizando. Pudimos ver cómo el terapeuta utiliza la

TCC para identificar estos pensamientos, algunos de los cuales son automáticos, y para ayudar al cliente a encontrar su propia evidencia que es inconsistente con esos pensamientos. Las técnicas de respiración se utilizan para ayudar a calmar los síntomas de la ansiedad y para ayudarle a reenfocar su atención de los pensamientos ansiosos al simple manejo de sus síntomas físicos. Algo que habrás notado en los ejemplos anteriores es que es crucial que el cliente y el terapeuta trabajen en equipo. Es necesario que haya una cooperación y dedicación plenas a la práctica de nuevas habilidades, procesos de pensamiento y técnicas de afrontamiento. La TCC sólo es eficaz si el cliente la practica en su vida diaria.

Uso de la TCC para tratar otros trastornos mentales

En este libro, nos hemos centrado principalmente en cómo se utiliza la TCC para combatir trastornos como la ansiedad, pero la TCC se desarrolló originalmente para el tratamiento de la depresión. Desde entonces, la TCC se ha utilizado para tratar una variedad de trastornos en diferentes entornos. En más de 250 análisis e investigaciones realizadas en las últimas décadas, los científicos encontraron fuertes evidencias a favor del uso de la TCC para múltiples tipos de trastornos mentales. Aunque la mayoría de estos estudios se centraron en la población adulta, hay algunas pruebas que apoyan la TCC en niños, adolescentes y la población de la tercera edad.

Uso de la TCC para la ansiedad

La mayoría de las investigaciones y prácticas realizadas hasta la fecha apoyan el uso de la TCC para el tratamiento de la ansiedad. La TCC es muy eficaz para tratar trastornos de ansiedad como la ansiedad social, la ansiedad generalizada y el TEPT. También se ha demostrado que es eficaz para trastornos menos comunes como las fobias y el TOC. De hecho, el National Institute for Health and Care Excellence (NICE) recomienda la terapia cognitivo-conductual como primer enfoque para el tratamiento de los trastornos de ansiedad.

Uso de la TCC para la depresión

Hay pruebas sólidas que apoyan el uso de la TCC para tratar la depresión en un nivel moderado. Sin embargo, no hay pruebas sólidas que apoyen la TCC como tratamiento para la depresión más grave o el trastorno bipolar. Sin embargo, la TCC sigue funcionando mejor para la depresión moderada en comparación con la ausencia de tratamiento y mejor que otras terapias farmacéuticas o conductuales. La evidencia para la depresión severa es mixta, pero algunos estudios sugieren que la TCC es tan efectiva como la medicación. También se menciona que la TCC es eficaz cuando se trata de prevenir las recaídas en el TLP.

Capítulo 6: Otros métodos para controlar la ansiedad y la depresión

Aunque la TCC es un tratamiento eficaz para la ansiedad y la depresión, hay métodos alternativos que ayudarán a su eficacia si también se practican. Métodos como la atención plena y la meditación, la mejora de la salud física, la prevención de malos hábitos como la procrastinación y la práctica de la gratitud ayudan mucho a controlar la ansiedad y la depresión. Echemos un vistazo a estos otros métodos.

Mindfulness y meditación

La meditación más practicada es la meditación de atención plena. La meditación de atención plena es un tipo de práctica de entrenamiento mental que consiste en centrar la mente en los propios pensamientos y sensaciones en el momento presente. Esto incluye las emociones actuales, las sensaciones físicas y los pensamientos pasajeros. La meditación de atención plena suele implicar la práctica de la respiración, las imágenes mentales, la conciencia de la mente y el cuerpo, y la relajación muscular y corporal. Para los principiantes suele ser más fácil seguir una meditación guiada que les dirija durante todo el proceso. Es muy fácil desviarse o dormirse durante la meditación si no hay nadie que te guíe. Una vez que te vuelves más hábil en la meditación de atención plena, eres capaz de hacerla sin una guía vocal, pero esto requiere fuertes capacidades mentales.

Meditación de atención plena

A continuación, vamos a hablar de cómo practicar la meditación de atención plena. Uno de los programas originales y estandarizados para este tipo de meditación se llama programa de Reducción del Estrés Basado en la Atención Plena (MSBR). Este programa fue desarrollado por el doctor Jon-Kabat-Zinn, que fue alumno de un monje budista, Thich Nhat Hanh. Este programa estandarizado en particular se centra en tu propia conciencia y en llevar tu atención al presente. Este método se ha incorporado cada vez más a los entornos médicos para tratar muchas condiciones de salud, como el estrés, el dolor y el insomnio. Este método es bastante sencillo. Sin embargo, se recomienda que un profesor o un programa te ayude a guiarte al empezar. La mayoría de la gente lo hace durante al menos diez minutos al día, pero incluso un par de minutos cada día puede marcar la diferencia en su bienestar. Esta es la técnica básica que te ayudará a empezar:

1. Busca un lugar tranquilo en el que te sientas cómodo. Lo ideal es tu casa o alguien donde te sientas seguro.

Siéntate en una silla o en el suelo. Asegúrate de que tu cabeza y tu espalda están rectas pero no están tensas.

2. Intenta ordenar tus pensamientos y dejar de lado los que son del pasado y del futuro. Limítate a los pensamientos sobre el presente.
3. Toma conciencia de tu respiración. Concéntrate en la sensación de que el aire recorre tu cuerpo al inhalar y exhalar. Siente cómo sube y baja el vientre. Siente cómo el aire entra por las fosas nasales y sale por la boca. Asegúrate de prestar atención a las diferencias de cada respiración.
4. Observa cada pensamiento que va y viene. Actúa como si estuvieras observando las nubes, dejando que pasen a tu lado mientras observas cada una de ellas. Tanto si el pensamiento es una preocupación, un miedo, una ansiedad o una esperanza, cuando estos pensamientos surjan, no los ignores ni trates de suprimirlos. Simplemente reconócelos, mantén la calma y afiánzate con tu respiración.
5. Es posible que se deje llevar por sus pensamientos. Si esto ocurre, observa hacia dónde se ha ido tu mente y, sin hacer un juicio, simplemente vuelve a tu respiración. Ten en cuenta que esto ocurre a menudo con los principiantes; intenta no ser demasiado duro contigo

mismo cuando esto ocurra. Vuelve a utilizar siempre la respiración como ancla.

6. Cuando nos acerquemos al final de la sesión de 10 minutos, siéntate durante uno o dos minutos y toma conciencia de dónde te encuentras físicamente. Levántate gradualmente.

Mejorar la salud física mediante cambios en el estilo de vida

Los cambios en el estilo de vida pueden parecer simples, pero en realidad son herramientas muy poderosas cuando se trata de tratar la depresión y la ansiedad. En el caso de algunas personas, un cambio de estilo de vida es todo lo que pueden necesitar para recuperarse de la depresión y la ansiedad. En el caso de que una persona necesite también otro tratamiento, hacer buenos cambios en el estilo de vida puede ayudar a curar la depresión aún más rápido y evitar que se repita. He aquí algunos cambios que la gente puede probar:

- **Ejercicio:** Los investigadores han descubierto que hacer ejercicio con regularidad puede ser tan eficaz como la medicación cuando se trata de tratar la depresión y la ansiedad. El ejercicio estimula las sustancias químicas del cerebro que nos hacen sentir bien, como la serotonina y las endorfinas. Estas sustancias químicas también desencadenan el crecimiento de nuevas células cerebrales y conexiones, de forma similar a lo que hacen los antidepresivos. Lo mejor del ejercicio es que no es necesario hacerlo de forma intensa para obtener sus beneficios. Incluso un simple paseo de 30 minutos puede suponer una gran diferencia en la actividad cerebral de una persona. Para obtener los mejores resultados, hay que intentar realizar entre 30 y 60 minutos de actividad aeróbica cada día o la mayoría de los días.

- **Apoyo social:** Al igual que he mencionado antes, tener una red social fuerte reduce el aislamiento, que es un factor de riesgo enorme en la depresión y la ansiedad. Esfuérzate por mantener un contacto regular con tu familia y amigos (idealmente a diario) y considera la posibilidad de unirte a un grupo o clase de apoyo. También puedes optar por realizar algún tipo de voluntariado en el que puedas obtener el apoyo social que necesitas al tiempo que ayudas a los demás.
- **Nutrición:** La capacidad de alimentarse adecuadamente es imprescindible para la salud mental y física de todos. Al comer pequeñas comidas bien equilibradas a lo largo del día, puedes minimizar tus cambios de humor y mantener los niveles de energía. Aunque es posible que te apetezcan los alimentos azucarados por el rápido impulso

de energía que pueden aportar, los carbohidratos complejos son mucho más nutritivos. Por el contrario, los carbohidratos complejos pueden proporcionarle un impulso de energía sin un choque al final.

- **Sueño:** El ciclo de sueño de una persona tiene fuertes efectos sobre el estado de ánimo. Cuando una persona no duerme lo suficiente, sus síntomas de depresión o ansiedad pueden empeorar. La falta de sueño provoca otros síntomas negativos como tristeza, fatiga, mal humor e irritabilidad. No muchas personas pueden funcionar bien con menos de siete horas de sueño por noche. Un adulto sano debería aspirar a dormir entre 7 y 9 horas cada noche.
- **Reducción del estrés:** Cuando una persona sufre mucho estrés, se intensifica su depresión o ansiedad y aumenta el riesgo de desarrollar trastornos de depresión o ansiedad más graves. Intente hacer cambios en su vida que le ayuden a reducir o controlar el estrés. Identifique los aspectos de su vida que le generan más estrés, como las relaciones poco saludables o la sobrecarga de trabajo, y busque formas de minimizar su impacto y el estrés que conlleva.

Cómo prevenir la procrastinación

Dado que la procrastinación está formada principalmente por los estilos de pensamiento poco útiles de una persona, la TCC es una técnica estupenda para desafiarla, ya que gira en torno al control de los propios pensamientos. El primer paso para utilizar la TCC para controlar la procrastinación es simplemente intentar ser más consciente de lo que se piensa. Debido a nuestra acelerada sociedad, que se compone de miles de decisiones al día, muchas personas llevan su vida diaria en piloto automático para minimizar el número de decisiones que tienen que tomar. Lo hacen para preservar su energía, ya que tomar tantas decisiones conscientes cada día es agotador. Si es la primera vez que practicas la TCC, lo único que te pido es que intentes ser consciente de tus pensamientos. Encuentra momentos de paz y tranquilidad, y simplemente presta atención a lo que pasa por tu mente. ¿Te permites estar en el momento presente o estás pensando en los cientos de cosas que tienes que hacer esta semana?

Una vez que hayas practicado un poco esto, comenzaremos a aprender sobre los patrones y estilos de pensamiento poco útiles. Las personas que procrastinan a menudo han adoptado numerosos estilos de pensamiento poco útiles, lo que les hace sentir que ciertas tareas son extremadamente desalentadoras. Combinando tu recién descubierta atención plena con los estilos de pensamiento inútil, pronto serás capaz de identificar cuándo estás ejerciendo esos estilos de pensamiento inútil.

Practicar la gratitud

Un método importante para superar la depresión y/o la ansiedad es practicar la gratitud con frecuencia. Cuando estés en un momento de estrés, ansiedad o depresión, tómate un tiempo para pensar en todas las cosas de tu vida que aprecias. Esto incluye todas las cosas materialistas que tienes como tu casa, tu ordenador que usas todo el tiempo, o incluso sólo tu tipo de café favorito que tienes en casa. Practicar la gratitud también incluye expresar gratitud hacia tus propias cualidades positivas. Por ejemplo, agradecer tu fuerza, tu inteligencia y cualquier otra buena cualidad que sepas que tienes. Este método es muy sencillo y da a las personas una mejor perspectiva de sus vidas. A menudo, las personas se quedan atascadas en el momento de la angustia y no pueden dar un paso atrás para ver el panorama general. Apartarse de la angustia en un momento y pensar en todas las cosas que agradeces tener marca una gran diferencia en el cambio de mentalidad. Recuerda ser amable contigo mismo, incluso en el momento más oscuro.

Capítulo 7: Cómo controlar la ira

En nuestro último capítulo, hablaremos de la ira. La ira es una emoción muy complicada, y profundizar en ella es de gran ayuda a la hora de comprender tus propios sentimientos, ya que juega un papel importante a la hora de entender tus propios pensamientos y emociones.

La ira como manifestación de otras emociones

La ira es una emoción que se dice que es una manifestación de muchos otros tipos de emociones. Esto significa que cuando una persona siente ira, en realidad está sintiendo algo diferente, o una combinación de otras emociones. Esta escuela de pensamiento dice que la ira en sí misma no es una emoción genuina. El razonamiento detrás de esto es que la ira es un tipo de combustible que ayuda a una persona a hacer las cosas o a tomar medidas para remediar una situación, mientras que la tristeza o la decepción son emociones que podrían ser debilitantes y dejarte sin ganas de hacer nada más que acostarte en la cama y llorar. Cuando nos sentimos así, a veces podemos sentir ira en lugar de tristeza, por ejemplo, porque entonces abordamos lo que sea que nos hace sentir así con agresividad y energía. Cuando sientas rabia, éste sería uno de esos momentos en los que hay que mirar más y más profundamente para descubrir lo que realmente estás sintiendo. A continuación, veremos las otras emociones que pueden manifestarse como ira.

Otra razón por la que la ira suele ser una manifestación de otras emociones es que la gente suele utilizarla para encubrir la vulnerabilidad que conllevan otras emociones como la tristeza o el miedo. Cuando una persona está enfadada o actúa con ira, parece fuerte o intimidante, y la mayoría de la gente elegiría esto antes que parecer "débil" o vulnerable. A veces, los sentimientos intensos de cualquier emoción se convierten rápidamente en sentimientos de ira en un esfuerzo por ocultar o disfrazar los sentimientos genuinos. Esto puede ocurrir tan rápida y automáticamente que la propia persona ni siquiera lo reconoce. A menudo no es tan fácil como echar un vistazo al interior para ver qué emoción se está sintiendo, sino desafiarse a sí mismo para mirar más profundamente y ser vulnerable.

La ira se considera una de las emociones humanas más primitivas, ya que se remonta a los inicios del ser humano. En realidad, la ira está presente en nuestra gama emocional para protegernos de las amenazas percibidas. Es el resultado de la época en que los humanos eran cazadores y necesitaban proteger a sus familias y sus tierras en tiempos de guerra y de otras tribus. La ira está fuertemente relacionada con la respuesta de lucha o huida, por lo que esto puede indicarnos por qué sentimos la necesidad de actuar inmediatamente cuando sentimos una ira intensa. La "lucha" de la respuesta de lucha o huida no tiene por qué implicar un altercado físico, sino que puede implicar también la lucha con palabras. Saber que la ira está ahí para protegerte puede ayudarte cuando intentas gestionarla, ya que puedes detenerte y reconocer que no necesitas reaccionar ya que no hay una amenaza para la supervivencia como la que habría si fuera el año 30000 AC.

La ira como manifestación de la tristeza

Como he mencionado, la ira es a menudo una manifestación de la tristeza. Este enfado que se siente te ayuda a afrontar la situación de frente en lugar de quedarte estancado sintiéndote decaído e inmóvil. Un ejemplo de esto es si descubres que tu pareja te engaña. Al principio, es probable que sientas una ira intensa. Esta ira te permite correr a la casa de la persona con la que te está engañando y enfrentarte a ella gritándole e insultándola. Lo que probablemente sientas en realidad es una combinación de intensa tristeza por uno y por la traición. Una vez que vuelvas a casa después de esta confrontación y te sientes contigo mismo durante unos minutos, la tristeza se instalará y te quedarás en casa durante los próximos días sintiendo tus verdaderos sentimientos de tristeza, incapaz de siquiera jugar con la idea de ir a confrontar a alguien.

La ira como manifestación de la decepción

Otra emoción que a veces se disfraza de enfado es la decepción. Por ejemplo, imagina que tienes una audición para una película que realmente esperabas conseguir y para la que has pasado semanas preparándote. Si después te enteras de que no has conseguido el papel, o ningún papel en la película, la emoción que experimentarás con más fuerza será la decepción. Sin embargo, al principio puedes sentir rabia. Es posible que sientas rabia hacia las personas que organizaron la audición, hacia las personas que obtuvieron papeles en la película y hacia tu agente por haberte enviado a la audición. Este enfado puede durar más o menos el primer día, pero una vez que se disipe, te quedarás con tus verdaderos sentimientos de decepción.

La ira como manifestación del arrepentimiento

El arrepentimiento es otra emoción que puede manifestarse como ira. Cuando nos arrepentimos, podemos sentir ira hacia nosotros mismos. En este caso, podemos machacarnos diciéndonos que hemos tomado la decisión equivocada, que deberíamos haberlo sabido o que somos estúpidos por pensar que estábamos tomando una buena decisión. Si dejamos de lado este enfado y miramos en nuestro interior, puede que veamos que en realidad nos arrepentimos de la situación. El arrepentimiento suele ir acompañado de tristeza o decepción.

La ira como manifestación de la frustración

La frustración también es una emoción que a veces puede presentarse como ira al principio. La frustración es una descripción bastante general para una emoción, ya que puede ser causada por muchas cosas diferentes y eventualmente puede conducir a sentimientos de odio u otros como este, pero reconocer que su ira puede ser debido a la frustración en su lugar puede ayudarle a evitar arremeter contra la ira y en su lugar abordar los problemas a la mano que están causando que se sienta frustrado.

La ira como manifestación del miedo

Es probable que hayas visto o sentido por ti mismo lo rápido que el miedo puede convertirse en ira. Por ejemplo, si alguien te sobresalta entrando en una habitación en la que estás trabajando tranquilamente, puede que al principio sientas miedo y poco después sientas ira hacia esa persona por haberte asustado. Si se detuviera a pensar en ello, se daría cuenta de que sentir ira hacia esa persona no está justificado, ya que no ha hecho nada para perjudicarle intencionadamente y que el hecho de que le asuste le da miedo, pero no le supone un daño real. Este ejemplo es bastante común y también sencillo. Esto puede ocurrir con situaciones más amenazantes que te hacen sentir miedo, como perder algo o pensar que has perdido a tu pareja en un lugar lleno de gente, por ejemplo.

Este es un ejemplo muy común de cómo la ira puede ser la emoción superficial pero no es la raíz del sentimiento. Si te preguntas: "¿Por qué me ha enfadado esto?", puede que descubras que en realidad estás asustado y no enfadado.

El gran mal de los sentimientos reprimidos

Además de las descritas anteriormente, hay otras emociones que pueden presentarse como miedo inicialmente. Entre ellas están la traición, la humillación, el rechazo, etc. Pensar en ello como un iceberg ayuda a ilustrar este concepto con mayor claridad. La punta del iceberg es la ira. Es la única parte del iceberg que se puede ver. Sin embargo, bajo la superficie del agua están todas esas otras emociones como el miedo, la culpa, el arrepentimiento, etcétera. La parte que mostramos al mundo es la ira, pero bajo la superficie, la realidad es que hay muchas otras formas más precisas de describir la emoción.

Lo que puedes hacer si sientes la ira como una manifestación de otras emociones es mirar hacia dentro e intentar llegar a la verdadera emoción que está ahí. Al hacer esto, podrás abordar los sentimientos de tristeza o arrepentimiento y tratarlos de frente. Esto reducirá el tiempo en el que te sentirás negativo, ya que la ira y el arrepentimiento serán más duraderos que si sólo te permites sentir el arrepentimiento y lo afrontas de inmediato.

El problema de sentir ira en lugar de las emociones que realmente sientes es que la ira a menudo conduce a arrebatos o a decir cosas que no quieres decir. Si sientes ira, puedes insultar a la gente, decir cosas como "te odio" o "no vuelvas nunca más por aquí", sólo para darte cuenta más tarde de que estabas actuando con ira cuando en realidad no era eso lo que querías hacer o decir.

Reprimir tus sentimientos puede tener otras consecuencias negativas, como los efectos sobre la salud. Los sentimientos de ira intensa afectan de hecho a la presión sanguínea elevándola, aumentando el ritmo cardíaco y liberando adrenalina, la hormona de la lucha o la huida. Esto lleva a tu cuerpo a realizar cambios en la preparación para luchar o huir, incluyendo la detención de la digestión, el ensanchamiento de las pupilas y el envío de sangre a las extremidades. Debido a esta respuesta, es difícil pensar en momentos de ira intensa, ya que todo el flujo sanguíneo se dirige a los brazos y las piernas en lugar de al cerebro. Además, estar enfadado mucho tiempo o tener ataques recurrentes de ira intensa puede provocar indigestión, ya que el sistema digestivo se enciende y se apaga en respuesta a esta descarga de adrenalina.

Autocontrol de la ira

Al utilizar la CNV en primer lugar, puedes evitar los sentimientos de ira que suelen surgir cuando se produce una pelea o una confrontación. Al utilizar la CNV, puedes ir al grano de inmediato en lugar de burbujear con la ira porque tú y la otra persona intentan insultarse mutuamente. Sin embargo, habrá ocasiones en las que el enfado surja independientemente de cómo hayas afrontado la situación. Para esos momentos, este capítulo le será de ayuda para asegurarse de que no acabe actuando de un modo que luego pueda lamentar.

Las formas más eficaces de controlar la ira pasan por la relajación. Si sientes que te enfadas con demasiada frecuencia y el nivel de ira no es tanto el problema como el ritmo al que se repite, intentar practicar técnicas de relajación te resultará bastante útil. Una técnica de relajación rápida y sencilla consiste en recordarse a sí mismo que debe relajarse. El simple hecho de recordar que ése es el objetivo le ayudará a detenerse y pensar en las técnicas que tiene almacenadas en el fondo de su mente, dándole tiempo para recordarlas. Esto no sólo te ayudará a relajarte, sino que te distraerá de tu ira momentáneamente. Entonces, cuando lo recuerdes, puede que no sientas que es tan intenso como pensabas al principio.

Cuando la ira se apodera de tu cuerpo, puede ser difícil pensar con claridad o racionalmente, y a menudo actuamos sin pensar. Para conseguir el autocontrol en esos momentos, hay varias técnicas que puedes probar para asegurarte de que no arremeterás contra la ira cuando te sientas realmente triste.

Técnicas de control de la ira

Para cerrar este capítulo, voy a presentar varias técnicas de control de la ira que te ayudarán en esos momentos en los que te sientes enojado y lo único que quieres hacer es actuar con ira. Si usted es una persona que tiende a actuar sobre sus sentimientos de ira con la agresión, arrebatos verbales, o incluso la violencia física, estas técnicas serán muy útiles en su viaje para tratar su ansiedad o trastorno de depresión.

1. Contando

Cuando sientas que la ira que llevas dentro te hace hervir la sangre, cuenta hasta diez o cincuenta, según tu nivel de ira. Si estás extremadamente furioso, cuenta hasta cien. Esta técnica es útil para darte tiempo a calmarte físicamente. Tu ritmo cardíaco se reducirá a un nivel normal y tus respuestas de adrenalina también disminuirán. Esto te permite dar un paso atrás y pensar con más claridad.

2. Respiración

Cuando estás enfadado, tu respiración se vuelve superficial y corta. Cuando te sientas enfadado, concéntrate en tu respiración ralentizándola y haciéndola larga y profunda. Inhala por la nariz y exhala por la boca. Al concentrarte en la respiración, te ayuda a calmarte y le da a tu cerebro el oxígeno que necesita para pensar con claridad.

3. Mantra

Tener un mantra puede parecer un poco aireado si no sueles utilizar este tipo de cosas, pero resulta bastante útil en momentos de emoción intensa. Un mantra es una palabra o una frase que se repite y que está diseñada para ayudar a concentrarse en la meditación. Sin embargo, en el día a día, ayuda a devolver la conciencia al momento, al igual que la meditación. Tu mantra puede ser cualquier cosa, como "relájate", "estás a salvo" o cualquier cosa que te ayude a calmarte en ese momento. Decide tu mantra en un momento de calma y tranquilidad para que esté ahí en el fondo de tu mente cuando lo necesites en un momento de ira.

4. Estiramiento

Los estiramientos son una buena práctica para los momentos de ira intensa porque ayudan a volver a la tierra. Te reconecta con tu cuerpo y tus músculos, lo que te ayudará a volver al momento y te ayudará con el flujo sanguíneo. Cualquier estiramiento es bueno, los rollos de cuello, los estiramientos de piernas o los rollos de hombros son estupendos.

5. Visualización de

Esta es una gran herramienta para cuando es difícil controlar tu ira. Ve a un lugar tranquilo y ponte cómodo. Cierra los ojos y visualiza tu escena ideal de relajación. Imagina que estás allí. Imagina las imágenes, los olores, los sonidos y los sentimientos que estarías experimentando. Al hacer esto, engañas a tu cerebro para que piense que estás en esa escena, lo que te aportará sentimientos de relajación, alegría y confort.

6. Deteniendo

Si tienes un arrebato o gritas todo lo que no habrías dicho si no estuvieras tan enfadado, oblígate a dejar de hablar. Pega tus labios y no te permitas abrirlos durante unos minutos. Este tiempo en el que no te permites escupir un montón de palabras que no quieres decir te dará algo de tiempo para pensar antes de decidir lo que quieres decir o hacer.

7. Ejerciendo

El ejercicio hace grandes cosas para tu cuerpo, especialmente en momentos de ira intensa. Los sentimientos positivos de "subidón del corredor" que obtienes después de hacer ejercicio te ayudarán a disipar parte de tu ira. Además, poner tu ira en el gimnasio te ayudará a encauzar y sacar tu ira de forma saludable.

8. Escribir

Seguramente hay muchas cosas que quieres decir, pero que sabes que harían más daño que bien, sobre todo si las dices en un momento de enfado. Escribe estas cosas. De este modo, sigues expresando tu ira, pero no haces daño a nadie ni a tus relaciones. Esto te ayuda a procesar tus emociones y puede ayudarte a examinarlas desde lejos para decidir el mejor curso de acción.

9. Despotricando

Despotricar ante alguien que no esté implicado en la situación puede ayudarte a expresarte sin ofender a alguien que sí lo esté y sin arriesgarte a dañar tu relación. Despotricar de forma saludable ante un tercero es útil para permitirte expresarte y procesar la situación, así como tus sentimientos al respecto.

10. Riendo

Reírse puede ayudar a disipar la ira. La risa es una potente medicina, por lo que reírse cuando se tienen sentimientos intensos de ira puede ayudar a relajarse un poco y dar un paso atrás. Ver un programa divertido, hablar con un amigo que te haga reír o buscar contenidos divertidos en Internet son formas de hacerlo.

Conclusión:

Quiero que te des una palmadita en la espalda por haber tomado la iniciativa de aprender más sobre cómo tratar los trastornos mentales. No es una tarea fácil, ya que cuando una persona sufre los síntomas de trastornos comunes como la ansiedad o la depresión, es difícil que pueda pensar de forma clara y estratégica. El hecho de que hayas encontrado la motivación no sólo para comprar y leer este libro, sino también para terminarlo, es un gran logro. Aprendiste en profundidad sobre la terapia cognitivo-conductual y cómo se puede utilizar para tratar la ansiedad y la depresión. Este es uno de los puntos más importantes, ya que la TCC es capaz de proporcionar a las personas las herramientas adecuadas para combatir sus propios pensamientos negativos.

Para que todo lo que has aprendido en este libro funcione, debes ser constante con la práctica de la TCC. La mayoría de la gente no ve los efectos de la TCC visiblemente hasta las 4 o 5 semanas, seguir con ella y no rendirse es algo a lo que debes prestar atención. Siempre hay que empezar despacio y conseguir el pacto básico. Empieza simplemente prestando más atención a tus pensamientos, y poco a poco serás capaz de ver los patrones de tu propio pensamiento negativo. En el momento en que seas capaz de darte cuenta de esto, podrás empezar a interrumpir tu propio pensamiento negativo. La parte más difícil de todo el proceso de TCC es cambiar tu mente de estar en piloto automático a prestar atención a los pensamientos. Ese acto de hacer eso es agotador, por lo que algunas personas no encuentran el éxito con la TCC cuando no practican. Sin embargo, la mente y el cerebro es una función muy maleable en el cuerpo. Está literalmente hecho para adaptarse a lo que es más saludable y mejor para tu cuerpo. Al practicar y prestar atención activamente a tus pensamientos, tus hábitos comenzarán a cambiar y poco a poco empezarás a ver el error de tus estilos de pensamiento.

Echemos un vistazo a todo lo que hemos aprendido hasta ahora; esto será importante para que asimiles todos los conceptos y la información en su conjunto. Comenzamos este libro simplemente aprendiendo sobre la TCC y cómo funciona. También comparamos la TCC con otros tipos de terapia, para que puedas ver por qué es diferente de los métodos tradicionales de las terapias orales. Después, estudiamos en profundidad los trastornos de ansiedad y depresión y aprendimos sobre los diferentes tipos de cada uno y los síntomas. Si no estabas seguro de si tienes o no uno de estos trastornos, ahora deberías tener una idea más clara. Sin embargo, ten en cuenta que sólo un profesional autorizado puede diagnosticarte correctamente. Si tienes sospechas de padecer estos trastornos, acude a un profesional de la salud para que te diagnostique profesionalmente. Después de eso, aprendimos sobre los beneficios e inconvenientes de la TCC. En ese capítulo, debería haberte dado una idea de si la TCC sería el método de tratamiento adecuado para tu caso individual. Nuevamente, sólo un profesional de la salud podría diagnosticar su trastorno, pero si tiene una enfermedad mental más grave, la TCC podría no ser suficiente por sí sola para tratarlo adecuadamente. En los siguientes capítulos, aprendiste cómo puedes usar la TCC para controlar tu ansiedad y depresión. Aprendió sobre los diferentes estilos de pensamiento poco útiles y las formas en que puede interrumpir su proceso de pensamiento cuando se encuentra exhibiendo esas conductas negativas. Sabemos que la TCC es eficaz, pero suele serlo más cuando se combina con otros tratamientos. A continuación, aprendimos que la meditación, los cambios en el estilo de vida, la minimización de la procrastinación y la práctica de la gratitud son métodos excelentes para practicar junto con la TCC. Por último, dedicamos un capítulo a aprender sobre el control de la ira y las diferentes técnicas para ayudar a gestionarla. Cuando la ira no se mantiene bajo control y no se reconoce adecuadamente, es probable que se manifieste en problemas mayores.

En general, este libro ha cubierto todos los temas dentro del ámbito de la TCC y los trastornos que podría tratar. Sin embargo, sé que tratarse adecuadamente con la TCC es algo más que practicar sus técnicas y aprender sobre ella. Es importante conocer la ciencia y el trasfondo que hay detrás de los trastornos mentales y comprender plenamente por qué la TCC funciona de la manera en que lo hace. Cuando las personas prueban a ciegas los tratamientos sin comprender lo que está sucediendo, hay una mayor probabilidad de que abandonen el tratamiento si consideran que no tiene éxito dentro de sus plazos determinados. Sin embargo, si se puede entender lo que está ocurriendo exactamente en el fondo, es más probable que se mantenga el compromiso al entender el proceso. Por eso es tan importante no sólo aprender sobre los trastornos mentales, como la ansiedad y la depresión, sino también descubrir tus propias luchas individuales y encontrar el conjunto adecuado de tratamientos para utilizar. A lo largo de este libro mencionamos que la TCC no es una talla única, sino que es necesario practicarla y seguirla de manera individual y combinarla con otros métodos para generar los resultados más efectivos.

Me gustaría agradecerle su compromiso de leer hasta el final y aprender todo lo necesario para superar cualquier trastorno mental con el que pueda estar luchando. Este no es un viaje fácil, pero es uno que te ayudará a vivir la vida más sana y feliz. Así que si alguna vez te encuentras deprimido o te enfrentas a una situación que te produce mucha ansiedad, intenta dar un paso atrás y recordar las teorías y métodos que has aprendido en este libro. Recuerda que estás mucho más equipado después de haber estudiado a fondo los trastornos mentales y la TCC. Ya no eres la misma persona, y tienes nuevos y sólidos conocimientos sobre cómo superar las malas situaciones de salud mental. Ten siempre presente esto para seguir adelante. Los conocimientos de este libro serán herramientas que podrás utilizar siempre para mantener tu mente y tu cuerpo sanos y felices.

Descripción

¿Sabía usted que en toda nuestra población mundial, que 450 millones de personas sufren diariamente algún tipo de trastorno mental? Los trastornos mentales más comunes con los que la gente lucha cada día son la depresión y la ansiedad. ¿Eres alguien que siente que siempre está agobiado por sus trastornos mentales? ¿Sientes que te están frenando para desarrollar todo tu potencial? ¿Te sientes estancado y luchas por salir de ese bache? Si te identificas con esto, entonces este libro puede ayudarte no sólo a aprender la Terapia Cognitivo-Conductual para tratar tus trastornos, sino que también te dotará de los conocimientos adecuados para entender qué está pasando y por qué. Millones de personas abandonan sus tratamientos de salud mental cada año porque piensan que no son eficaces o que no funcionan con la suficiente rapidez. Pues bien, el tratamiento de la salud mental es un asunto complicado, y no es una talla única. Si bien es cierto que la terapia cognitivo-conductual ha demostrado ser el tratamiento más eficaz para la mayoría de los trastornos mentales, es crucial que aprendas todo lo que puedas sobre tu propia salud mental y, a partir de ahí, apliques tus propios métodos de TCC para tratar adecuadamente tu situación individual. Este libro le ayudará a hacerlo, proporcionándole información sobre los siguientes temas:

- La historia de la terapia cognitivo-conductual
- Los usos modernos de la TCC
- Cómo funciona la TCC
- Trastornos de ansiedad, causas y síntomas
- Trastornos, causas y síntomas de la depresión
- Ventajas e inconvenientes de elegir la TCC como tratamiento
- Cómo utilizar la TCC para controlar su ansiedad y/o depresión
- Otros métodos que también ayudan a controlar la ansiedad y/o la depresión
- Cómo gestionar la ira

Se ha demostrado que la TCC es eficaz hasta para el 75% de las personas que la utilizan como tratamiento. De hecho, el nivel de eficacia aumenta hasta el 90% si se combina también con otros métodos. Este libro le enseñará cómo aplicar la TCC a su caso individual de salud mental, y también le enseñará otros métodos que ayudan a tratar los trastornos mentales. Al combinar la TCC con otros tratamientos como la meditación y las mejoras en el estilo de vida, la eficacia de todo el conjunto de tratamientos aumenta considerablemente.

La mayoría de las personas de nuestra sociedad se equivocan con respecto a los trastornos de salud mental. La gente piensa que todos los que se diagnostican necesitan tomar medicamentos para tratarlos adecuadamente. Aunque esto es cierto en los casos graves de trastornos mentales, muchos trastornos de salud mental pueden ser bien manejados y prevenidos mediante la práctica de la TCC y otras formas de tratamiento. A diferencia de la mayoría de los medicamentos para la salud mental, la TCC tiene efectos secundarios mínimos o nulos y es mucho más duradera. La medicación necesita más de 6 semanas para que la persona sienta sus efectos, mientras que las personas afirman que en 8 - 15 sesiones de TCC empiezan a sentirse mucho mejor. Esto quiere decir que la TCC es un tipo de tratamiento de bajo riesgo y alta recompensa. Así que si usted es alguien que está buscando para obtener una mejor salud mental y para aprender a manejar adecuadamente y con seguridad su ansiedad o depresión, no busque más. Compre hoy mismo la Terapia Cognitiva Conductual y comience a curarse.

www.ingramcontent.com/pod-product-compliance
Lightning Source LLC
LaVergne TN
LVHW021948220826
846091LV00015B/4128

* 9 7 8 1 8 0 4 3 4 7 0 2 7 *